따라 하는 기도 3 구약편

성경 말씀으로 하나님의 약속을 붙들고 드리는 기도

따라 하는 기도 3
구약편

장재기 지음

규장

프롤로그

이제는
성경 말씀을 따라 기도하자

여러분은 기도가 잘 되나요? 신앙생활 중에 기도만큼 중요한 것도 없지만 기도만큼 힘든 것도 없습니다. 하나님께서 나를 사랑하신다는 것을 알고 하나님을 사랑하기도 하지만, 기도는 여전히 힘듭니다. 기도를 잘하고 싶고, 기도의 사람이 되고 싶고, 기도의 능력을 경험하고 싶습니다. 기도에 대해서만큼은 모두 진심이죠. 그러나 잘되지 않습니다. 기도에 대해 참 많은 훈련을 받았지만, 막상 기도하려고 눈을 감으면 무슨 말을 해야 할지 생각나지 않습니다. 사랑하는 주님을 만나는데 길에서 외국인을 만난 것처럼 어색합니다.

그래도 여전히 포기하지 않고 기도의 문을 두드리는 여러분이 자랑스럽습니다. 이 책을 보고 있다는 것만으로도 여러분의 기도에 대한 열정이 얼마나 대단한지 느낄 수 있습니다. 어렵고 힘들지만 포기하지 않고 다시 기도에 도전하는 여러분을 주님께서 기뻐하십니다.

기도는 언어를 배우는 것과 같습니다. 듣고 따라 하고 말해보면서 귀가 틔고 입이 열리는 것처럼 기도를 듣고 읽고 따라 하는 것을 통해 기도의 입술이 열리게 되는 것이죠. 《따라 하는 기도》 시리즈는 기도에 관한 정보를 주면서 동시에 기도를 실천하고 기도 응답을 경험할 수 있도록 기도문으로 쓰였습니다.

처음에는 어색할 수 있지만 매일 반복해서 따라 하다 보면 기도가 트이고 여러분의 언어로 자연스럽게 바뀌어 갈 것입니다. 눈으로만 읽는 것보다 기도 소리가 자기 귀에 들리도록 소리 내어 읽으면 더 좋습니다. 몇 번 하고 포기하지 마십시오. 기도가 트일 때까지 반복하십시오. 기도의 은혜를 경험한 수많은 간증자처럼 여러분도 누군가를 붙들고 기도의 간증을 나누는 모습이 벌써 상상됩니다.

《따라 하는 기도》의 구성과 활용

이 책은 《따라 하는 기도》 1,2권과 이어집니다. 1권은 기도를 힘들어하는 분들이 기도를 바로 시작할 수 있도록 쓰였습니다. 그래서 기도가 무엇인지, 왜 기도해야 하는지, 그리고 구체적으로 어떻게 기도할 수 있는지 안내하고, 일상생활에서 기도할 수 있는 주제들의 기도문을 수록했습니다.

2권은 기도에 조금 익숙해진 분들이 기도의 지경을 더 넓힐 수 있도록 쓰였습니다. 눈에 보이는 일상의 삶을 위한 기도부터 내면세계를 위한 기도, 그리고 눈에 보이지 않는 영적 세계에서의 승리와 다른 사람을 위한 중보기도에 이르기까지 다양한 주제를 가지고 기도할 수 있게 했습니다.

세 번째 책인 《따라 하는 기도 3 구약편》은 성경 말씀을 따라 하는 기도입니다. 말씀과 기도는 어느 것이 더 중요한지 선택해야 하는 문제가 아닙니다. 말씀과 기도는 나뉠 수 없습니다. 말씀이 곧 기도이기 때문이죠. 문자로 기록된 성경 말씀은 기도를 통해 우리 내면에 뿌리내리게 됩니다. 성경을 따라 하는 기도는 누구나 쉽게 할 수 있습니다. 성경을 읽고 그 말씀을 나의 기도로 고백하면 됩니다. 성경을 따라 하는 기도를 통해 우리는 기도의 부담에서 벗어날 수 있습니다.

그뿐만이 아닙니다. 하나님의 약속을 붙들고 하는 기도는 하나님의 응답을 받는 가장 확실한 기도입니다. 하나님은 한번 하신 약속은 반드시 지키시는 분이기 때문입니다. 하나님의 약속을 주장하는 기도를 통해 우리는 기도의 강력한 능력을 경험하게 될 것입니다.

더 나아가 성경을 따라 하는 기도는 신앙을 더욱 성숙한 자리로 이끌어 갑니다. 성경을 따라 기도하다 보면 하나님의 뜻이 내 뜻이 되어 하나님의 뜻과 나의 뜻이 하나 되는 영적인 성숙에 이르게 됩니다. 이처럼 성경을 따라 하는 기도는 우리의 신앙을 더욱더 풍성하게 합니다.

《따라 하는 기도 3 구약편》은 구약 성경 중에서 사랑받는 말씀을 중심으로 구성하였습니다. 보석 같은 하나님의 약속을 붙들고 기도하는 동안 하나님의 사랑이 얼마나 놀라운지 느끼게 될 것입니다. 기도할수록 기도 응답에 더 강력한 확신을 얻고, 기도가 점점 더 깊어지는 것을 느끼게 될 것입니다.

말씀이 기도가 될 때 하나님이 응답하십니다. 약속을 주장할 때 하나님이 일하십니다. 이 책을 통해 하나님을 알아가는 즐거움을 느끼고 기도의 응답을 경험하는 기쁨을 누리게 되기를 축복합니다. 말씀을 붙들고 기도하는 여러분을 통해 가정이 살아나고, 교회가 회복되고, 이 땅이 새롭게 되리라 믿습니다. 이 책이 흘러가는 곳마다 영혼이 살아나는 은혜와 삶이 풍성해지는 역사가 있기를 간절히 기도합니다.

기도의 동역자
장재기 목사

프롤로그

PART 1 하나님의 약속을 주장하는
말씀 기도

PART 2 구약 성경을 따라
말씀으로 기도하기

1장	주님, 하늘의 신령한 복과 땅의 큰 복을 주시옵소서	36
2장	제 삶에 놀라운 기적을 일으켜주시옵소서	46
3장	주님의 약속을 지켜주시옵소서	55
4장	영원히 복을 받게 해주시옵소서	63
5장	제 길을 평탄하게 해주시옵소서	71
6장	주님을 제한하지 않는 믿음을 주시옵소서	78
7장	제 삶의 닫힌 문을 열어주시옵소서	86
8장	주님의 마음에 합한 자로 살게 해주시옵소서	93
9장	믿음의 명문가를 이루게 해주시옵소서	99
10장	무너진 삶을 회복시켜주시옵소서	106
11장	제게 주님의 능력을 부어주시옵소서	113
12장	무너진 신앙을 회복시켜주시옵소서	120
13장	말씀 안에 거하는 복을 주시옵소서	128
14장	고난을 이겨낼 능력을 주시옵소서	136

차례

15장	흔들리지 않는 기쁨을 주시옵소서	144
16장	잊을 수 없는 주님의 사랑을 부어주시옵소서	153
17장	변함없는 주님께 돌아가게 해주시옵소서	161
18장	주님으로 저를 가득 채워주시옵소서	170
19장	복에 복을 더해주시옵소서	178
20장	좋은 것으로 제 소원을 만족시켜주시옵소서	186
21장	제게 큰 복을 내려주시옵소서	195
22장	주님의 말씀 안에서 삶의 해답을 찾게 해주시옵소서	204
23장	주님을 의지하오니 좋은 소식을 들려주시옵소서	211
24장	풍성한 열매를 맺게 해주시옵소서	219
25장	주님의 은혜로 저를 감싸주시옵소서	226
26장	연약한 저를 도와주시옵소서	233
27장	모든 것 위에 뛰어나신 주님, 찬양을 받아주시옵소서	240
28장	성공한 삶을 살게 해주시옵소서	247
29장	행복한 삶을 살게 해주시옵소서	257
30장	능력 있는 삶을 살게 해주시옵소서	266
31장	위대하게 쓰임 받는 삶을 살게 해주시옵소서	274
32장	날마다 주님과 동행하는 삶을 살게 해주시옵소서	282
33장	한 번뿐인 인생을 제대로 살게 해주시옵소서	289
34장	주님의 음성을 듣고 힘을 얻게 해주시옵소서	297
35장	제 삶을 천국으로 바꿔주시옵소서	305

PART 1

하나님의 약속을 주장하는
말씀 기도

말씀으로 드리는 기도

"아빠, 같이 자전거 타러 나가요."
"응, 아빠가 오늘은 바쁘니까 내일 가자."

아들의 부탁을 바로 들어줄 수 없어서 그렇게 대답하고 넘겼는데 다음날 아들이 "아빠, 자전거 타러 나가요. 어제 약속하셨잖아요"라고 합니다. 그러면 꼼짝없이 나가야 합니다. 미룰 수도, 지체할 수도 없습니다. 제 아들은 한 번만 이야기하는 법이 없기 때문입니다.

"아빠 언제 나가요? 빨리 나가요. 지금 나가요. 아빠 자전거 타러 나간다고 하셨잖아요. 지금요. 빨리요. 아빠, 자전거 타고 싶어요. 빨리 가요. 약속하셨잖아요."

제가 움직일 때까지 쉬지 않고 이야기합니다. 제가 한 약속을 가지고 이야기하는 아들의 부탁은 거절할 수도 없고 미룰 수도 없습니다.

"아빠, 약속하셨잖아요."

이것이 제 아들이 제게 원하는 것을 받아내는 방법입니다.

불가능을 모르는 전능하신 하나님께서 못 하시는 것이 있습니다. 하나님은 약속을 어기지 못하십니다. 한 입으로 두말을 못 하십니다. 거짓말을 못 하십니다. 우리는 부족하기에 지키지 못할 약속을 하기도 하고, 약속을 지키지 못할 때도 있지만 신실하신 하나님은 한번 한 약속은 반드시 지키십니다.

우리는 삶의 다양한 문제들을 가지고 하나님 앞에 기도로 나아가야 합니다. "주님, 저 너무 힘들어요. 주님, 저 너무 괴로워요. 주님, 제가 할 수 있는 게 없어요"라는 우리의 진실한 기도를 주님께서 들으십니다. 그러나 문제와 어려움을 나열하는 데서 기도를 멈춰서는 안 됩니다. 제 아들처럼 하나님의 약속을 주장하고 선포하는 것이 필요합니다. 하나님의 약속 앞에서는 하나님도 꼼짝 못 하시기 때문입니다.

느헤미야서 1장에서, 성벽이 허물어지고 성문은 불타버린 예루살렘의 소식을 들은 느헤미야는 앉아서 울고 수일 동안 슬퍼하며 하늘의 하나님 앞에 금식하며 기도합니다.

"주님, 저희가 잘못했습니다. 주님을 무시하고, 주님의 말씀을 거역했습니다. 저희가 주를 향하여 크게 악을 행하여 주께서 주의 종 모세에게 명령하신 계명과 율례와 규례를 지키지 않았습니다(신 28:15)."

그는 자신들의 모습을 이야기하는 데서 그치지 않고 신명기 말씀으로 회개하고 주님의 약속을 붙들고 기도합니다.

옛적에 주께서 주의 종 모세에게 명령하여 이르시되 만일 너희가 범죄하면 내가 너희를 여러 나라 가운데에 흩을 것이요(신 4:25-27, 28:64) 만일 내게로 돌아와 내 계명을 지켜 행하면(신 4:29-31, 30:2,3) 너희 쫓긴 자가 하늘 끝에 있을지라도 내가 거기서부터 그들을 모아(신 30:4) 내 이름을 두려고 택한 곳에 돌아오게 하리라(신 12:5) 하신 말씀을 이제 청하건대 기억하옵소서 느 1:8,9

"주님, 주님께서 모세에게 약속하셨죠, 회개하고 돌아오면 살려주시겠다고 약속하셨죠. 회복시켜 주시겠다고 약속하셨죠. 주님 기억하시죠? 주님, 저희가 돌이킬게요. 약속을 기억해 주세요. 꼭 약속을 지켜주세요."

우리도 느헤미야처럼 인생의 위기의 순간에 하나님의 약속을 붙들고 기도해야 합니다.

하나님은 반드시 약속의 말씀을 이루신다

더디고 불가능해 보여도 이루신다

저는 조금 늦은 나이에 결혼했는데, 결혼할 때 하나님께서 저희 가정에 주신 말씀은 창세기 12장 2절 말씀이었습니다.

"내가 너를 큰 민족의 조상이 되게 하고 너를 축복하여 내 이름을 크게 떨치게 하겠다. 너는 다른 사람에게 복을 끼치는 자가 될 것이다."

그래서 이 말씀을 붙들고 하나님께 자녀를 허락해달라고 기도했는데 얼마 후 임신의 기쁨도 잠시, 유산의 큰 슬픔을 겪게 되었습니다. 아내와 같이 예배드리며 참 많이 울었습니다. "하나님께서 큰 민족을 이루게 하시겠다 약속하셨는데 주님, 이 약속은 어떻게 된 것입니까?"라는 저희의 질문에 하나님은 사무엘서 말씀으로 "내가 생명의 주관자"라고 응답하셨습니다(삼상 2:6,7).

그러나 안타깝게도 두 번째 임신에서도 유산되자 날카로운 면도칼에 심장이 베이는 듯 너무도 아팠습니다. 화가 난 마음에 "하나님, 큰 민족을 이루게 하겠다고 약속하셨잖아요. 저희에게 왜 그러시는 거예요!"라고 하나님을 향해 따져 물었지만 왜 그런 일이 일어났는지 여전히 이해할 수 없었습니다.

내가 잘못해서 그렇게 된 것 같은 죄책감이 마음을 짓눌렀습니다. 깊은 우울감에 젖은 아내의 마음은 어떤 위로에도 쉽게 회복되지 않았습니다. 시간과 장소를 가리지 않고 갑자기 눈물을 쏟는 아내의 모습에 제 마음도 타들어 가는 듯했습니다. "하나님, 약속하셨잖아요. 약속 지켜주세요" 기도했지만, 한 해 한 해 시간이 흐르고 점차 아이 이야기를 하지 않게 되었습니다. 누군가의 출산 소식에 함께 기뻐해 줄 수도 축하해줄 수도 없었습니다.

시간이 한참 흘러 자녀에 관한 생각조차 잊고 지내던 어느 날 하나님께서 임신의 기쁜 소식을 들려주셨습니다. 하나님의 약속이 이제는 열매 맺게 해달라는 마음으로 간절하게 기도하며 아이의 태명을 열매라고 지었습니다. 그리고 결혼 6년 만에 드디어 열매를 만나게 되었습니다. 하나님께서 왜 그런 시간을 허락하셨는지 다 알 수는 없지만, 한 가지 확실한 것은 살아계신 하나님께서 포기하지 않고 그분이 하신 약속을 지키셨다는 것입니다.

문자 그대로도 이루신다

저는 오랜 시간 찬양인도자로 사역했지만, 처음부터 찬양 인도를 하려고 한 것은 아니었고 목양 사역을 하려 했습니다. 오히려 찬양 인도를 하라는 말에 "저는 아니에요. 저는 찬양 인도에 은사가 없어요"라며 거절했습니다. 전도사님은 기도해보라고 하셨지만 저는 성가대에서도 적응을 못 하고 그만둔 경력이 있었고, 제 기타 실력은 누구 앞에서도 연주할 수 없는, 그저 혼자 찬양할 때 연주하는 정도였기 때문에 찬양 인도를 할 생각이 없어서 이 문제로는 기도하고 싶지 않다고 했습니다.

그래도 일주일만 기도해보라는 끈질긴 부탁에 어쩔 수 없이 일주일 동안 기도하는데, 다행히 기도에 응답이 없었습니다. 그런데 목요일 새벽기도 시간에 갑자기 하나님께서 오병이어 말씀을 주시며 "재기야, 네가 물고기 두 마리, 보리떡 다섯 개인 거 알아. 내가 너를 통해 오천 명을 먹일 거야"(마 14:17)라고 말씀하셨습니다.

그래서 찬양 인도를 시작하게 되었지만, 저는 정말 찬양 인도에 대한 개념도 없었습니다. 처음 찬양 인도를 하는 날, 15분 찬양 시간 동안 13곡의 찬양을 불렀습니다. 그냥 제가 좋아하는 찬양을 한 번씩 부르니 15분이 흘렀습니다. 그런 저를 마귀가 얼마나 많이 괴롭혔는지 모릅니다.

"네가 무슨 찬양 인도를 하니? 너는 전공도 안 했는데. 너는 자격이 안 돼. 연주하는 친구들이 너 때문에 힘들어하는 것 안 보이니? 어서 그만둬."

그렇게 제 마음을 공격할 때면 얼마나 마음이 위축됐는지 모릅니다. 그때 이런 기도를 정말 많이 했습니다.

"주님, 제가 물고기 두 마리, 보리떡 다섯 개인 거 아시죠. 저는 음악적인 재능도 없고 실력도 없습니다. 너무 부족합니다. 제가 노력해서 될 수 있는 영역이 아닙니다. 그러니 주님께서 도와주세요. 제가 찬양을 부르기 전에 그냥 제 목소리만 들어도 은혜가 되게 해주세요. 그 방법밖에는 없어요. 주님 도와주세요."

얼마나 간절히 기도했는지 모릅니다. 그런데 하루는 교회 엘리베이터에서 한 자매가 "목사님, 저는 목사님이 찬양 인도해주시면 너무 좋아요. 목사님 목소리만 들어도 은혜가 돼요"라고 말해주는데 얼마나 놀랐는지 모릅니다. 오래전에 드렸던 저의 기도를 하나님께서 듣고 계셨다는 것을 자매의 고백을 통해 알게 하셨습니다.

거기서 끝이 아니었습니다. 하루는 논산 훈련소의 군목이신 목사님과 인사를 나누게 되었습니다. 그 분이 "목사님, 지난 몇 달 동안 목사님께서 작곡하신 '믿음의 모험'이라는 찬양을 불렀는데 조교들이 정말 은혜를 많이 받았어요. 그래서 목사님 만나면 꼭 감사하다고 인사드리고 싶었는데 오늘 뵙게 되네요" 하시고는 덧붙이신 말씀에 소름이 돋았습니다. 논산 훈련소에서 5천 명이 예배드린다는 것입니다. 오천 명을 먹이겠다고 약속하신 주님께서 문자 그대로 응답해주신 것입니다.

내 생각과 상상 이상으로 이루신다

2019년, 지구촌교회에서 사역을 내려놓고 1년의 안식년을 가졌습니다. 이 기간에 하나님께서 제게 주신 말씀은 예레미야서 29장 11절 말씀이었습니다.

"여호와의 말씀이니라 너희를 향한 나의 생각을 내가 아나니 평안이요 재앙이 아니니라 너희에게 미래와 희망을 주는 것이니라."

미래에 대한 아무 계획도 없고 앞이 전혀 보이지 않는 상황에서 할 수 있는 것은 주님의 약속을 붙들고 기도하는 것이었습니다.

"주님, 주님의 계획은 평안이요 재앙이 아니라고 하셨죠. 미래와 희망을 계획하고 계신다고 하셨죠. 주님, 앞이 전혀 보이지 않지만 이 약속을 붙들고 기도합니다. 주님께서 인도해주시옵소서. 평안하게 해주시고 미래를 열어주시고 희망을 주시옵소서."

코로나로 아무 계획도 세울 수 없는 시간에 조급함과 두려움이 밀려올 때면 이 말씀을 붙들었습니다. "평안이요 재앙이 아니니라 너희에게 미래와 희망을 주는 것이니라" 이 말씀을 외우고 또 외우면서 기도했습니다.

2년이 지난 지금, 하나님은 저를 제가 상상도 하지 못한 사역의 자리로 인도하셨습니다. 매일 수만 명의 성도가 온라인에서 함께 기도할 수 있도록 돕는 온라인 기도원 사역을 하게 하신 것입니다. 제가 계획한 것도 아니고, 이렇게 해달라고 기도한 것도 아닙니다. 그저 약속의 말씀을 붙들고 기도했을 뿐인데 하나님은 그런 저에게 제 능력이나 노력으로는 도저히 감당할 수 없는 놀라운 사역을 이미 준비하고 기다리고 계셨던 것입니다. 하나님의 약속을 붙들고 기도하는 기쁨은 상상할 수 없을 정도로 놀랍습니다.

하나님의 약속을 주장하는 기도가 가장 강력하다

하나님께 드리는 모든 기도에 능력이 있지만, 그중 가장 강력한 기도는 하나님께서 약속하신 말씀을 주장하는 기도입니다. 성경을 통해 말씀하시는 하나님의 약속으로 기도할 때 하나님의 놀라운 역사가 일어납니다. 길이 없는 곳에 길이 나고, 하루아침에 상황이 역전됩니다. 뜻밖의 사람이 찾아와 도움을 주고, 필요한 재정이 채워집니다. 새로운 아이디어가 떠오르고, 생각지 못한 기회의 문이 열립니다. 깨어진 가정이 다시 하나 되고, 기도 제목이던 자녀들이 기도자로 변화

됩니다.

사랑하는 독자 여러분, 하나님의 말씀을 오늘 내게 주신 약속으로 붙들고 기도하십시오. 약속을 지키는 하나님께서 우리 삶에 상상조차 할 수 없었던 초자연적인 역사를 일으키실 것입니다.

하나님의 약속을 붙든 다윗

사울에게 쫓겨 적국 블레셋에 망명해 살고 있던 다윗은 블레셋이 이스라엘과 전쟁하게 되자 블레셋 군대로 함께 참전할 뻔했지만, 천만다행으로 열외가 되었습니다. 안심하고 그가 살던 시글락으로 돌아왔는데 마을이 온통 폐허가 되어 있는 게 아닙니까. 다윗의 군대가 돌아오기 직전에 아말렉이 습격해 마을을 약탈하고, 불사르고, 사람들을 잡아간 것입니다.

그 광경을 본 군사들이 통곡합니다. 다윗도 가족이 다 끌려가서 너무 고통스러웠습니다. 그런데 함께 통곡하던 백성이 돌변해 모든 책임을 자신에게 돌리며 돌로 쳐 죽이려 합니다. 얼마나 상심이 되고 두려웠을까요. '내 인생은 왜 이렇게 피곤할까. 남들은 쉽게 쉽게 잘도 사는데 왜 내 인생만 이렇게 꼬이고 힘든 걸까' 하며 낙심되지 않았을까요.

기도마저 나오지 않았을 그때, 다윗은 하나님께 기도합니다. 더욱이 그는 지금 빨리 군대를 정비해 아말렉을 뒤쫓아야 합니다. 이미 긴 행군을 해왔기 때문에, 바로 출발해도 아말렉을 따라잡기가 쉽지 않습니다. 이렇게 다급한 순간인데 다윗은 추격부터 하지 않고 먼저 하나님께 기도합니다.

다윗이 여호와께 묻자와 이르되 내가 이 군대를 추격하면 따라잡겠나이까 하니 여호와께서 그에게 대답하시되 그를 쫓아가라 네가 반드시 따라잡고 도로 찾으리라 삼상 30:8

"주님, 추격하면 따라잡을 수 있을까요?"
다윗이 질문하자 주님께서 응답해주십니다.
"그래, 쫓아가. 네가 반드시 따라잡고, 잃어버린 가족을 되찾을 거야."
다윗은 하나님의 그 약속을 붙들고 출발합니다. 그는 아말렉을 추격하는 내내 기도했을 것입니다.
'주님, 약속하셨죠. 반드시 따라잡고 되찾을 거라고 약속하셨죠. 주님, 약속을 꼭 지켜주세요.'
다윗은 가는 길이 힘들고, 앞이 보이지 않고, 얼마나 따라갔는지 얼마나 더 가야 하는지 알 수 없는 그 상황에서 하나님의 약속을 붙잡고 기도하며 나아갔을 것입니다. 그리고 마침내 따라잡고 가족과 잃어버린 모든 것을 되찾습니다.
다윗은 하나님의 약속이 얼마나 강력한지 알았습니다. 그래서 조급하게 행동하기보다 먼저 하나님의 뜻을 구하고 하나님의 약속을 붙든 것입니다.

말씀으로 기도하신 예수님

"엘리 엘리 라마 사박다니 나의 하나님, 나의 하나님 어찌하여 나를 버리셨나이까"(막 15:34).

예수님이 공생애 사역을 마치고 마지막 십자가 위에서 기도하십니다. 그런데 이 기도는 시편에 있는 말씀입니다.

내 하나님이여 내 하나님이여 어찌 나를 버리셨나이까 어찌 나를 멀리 하여 돕지 아니하시오며 내 신음 소리를 듣지 아니하시나이까 시 22:1

예수님은 십자가에 달려 죽음을 맞이하는 고통스러운 시간에 기도하십니다. 기도로 이겨내십니다. 그때 드린 예수님의 기도는 하나님의 말씀을 붙들고 드린 기도입니다. 말씀이 기도가 된 것입니다. 예수님도 말씀으로 기도하셨습니다.

성경 말씀으로 기도를 시작한 조지 뮬러

5만 번의 기도 응답을 받은 기도의 대가 조지 뮬러는 기도의 사람이었지만 동시에 성경의 사람이었습니다. 그는 평생 성경을 200번도 넘게 읽었고, 그중 대부분은 무릎을 꿇은 채 기도하며 읽었습니다. 말씀을 읽고 묵상하면서 거기서 기도의 제목을 찾아냈고, 약속의 말씀을 붙들고 기도했습니다. 조지 뮬러에 관한 한 책에 그가 사용한 기도 수첩의 내용이 나오는데 기도의 시작은 언제나 하나님의 말씀입니다.

"나는 시편 64, 65편을 놓고 세 시간 동안 묵상하며 기도하였다. '기도를 들으시는 주여'라는 소중한 말씀을 붙잡고 나는 주님께 다음과 같이 간구하였다. 이 기도의 제목들을 하늘에 기록하여 응답해 달라고 간절히 구하였다."[1]

조지 뮬러는 하나님의 말씀을 읽고 그 말씀을 묵상하고, 말씀에서 기도 제목을 찾고, 말씀에서 기도의 힘을 얻고, 말씀을 붙들고 기도했습니다. 그리고 수없이 많은 기도의 응답을 경험하는 기도의 사람이 됐습니다.

말씀 기도는 기독교의 전통

말씀으로 기도하는 것은 이미 오래전부터 내려온 기독교의 아름다운 전통입니다. '거룩한 독서'(Lectio Divina)라고 불리는 영성 훈련은 중세 시대 때 사제들뿐만 아니라 수도자들이 직접 성경을 읽고 성경으로 기도했던 신앙 훈련입니다.

우리가 QT(Quiet Time)라 부르는 묵상의 시간이 바로 말씀으로 기도하는 경건 훈련입니다. 기도를 하기 전에 성경을 읽고 묵상하고, 묵상한 그 말씀으로 하나님께 기도하는 것이지요. 예배 시간에도 목회자를 통해 선포된 설교 말씀을 듣고 말씀으로 기도하는 시간을 갖습니다.

---

[1] 《5만번 응답받은 뮬러의 기도 비밀》, C.A.S 엮음(생명의 말씀사, 1999), p.218.

팀 켈러 목사는 《기도》(Prayer: Experiencing Awe and Intimacy with God)라는 책에서 "하나님은 성경을 통해 말씀하시고, 우리는 기도를 통해 반응한다"라고 했습니다. 말씀과 기도는 구분되는 것이 아니라 함께 있어야 한다는 것입니다. 말씀으로 드리는 기도는 성경과 기독교 역사, 우리의 신앙 문화 안에서 너무도 자연스럽게 경험할 수 있는 기도의 모습입니다.

말씀 기도의 유익

쉽게 기도를 시작하고 강력한 기도를 할 수 있다

신앙생활을 새로 시작한 분뿐만 아니라 오랜 시간 신앙생활을 해 왔어도 기도를 어렵게 느끼는 분이 많습니다. 기도에 대한 부담 때문에 신앙생활을 힘들어하고 마음이 눌리는 분들이 있습니다. 마음속에 있는 이야기를 진솔하게 말하는 것도 어려워하는 분들이 있습니다. 더군다나 오래 기도해야 한다는 부담은 기도에서 우리를 더 멀어지게 합니다.

그런 분들이 기도를 가장 쉽게 시작할 수 있는 방법이 '말씀으로 기도하기'입니다. 말씀을 한 구절 읽고, 그 말씀 중에 감동이 되는 부분을 하나님께서 내게 주신 말씀으로 믿고 자신의 고백으로 기도하는 것입니다. 글만 읽을 수 있다면 누구나 쉽게 시작할 수 있습니다. 성경 66권이 모두 기도로 바뀔 수 있으니 더는 무슨 말을 해야 할지 고민할 필요가 없습니다.

1시간도 할 수 있고, 2시간도 할 수 있습니다. 체력만 된다면 온종일 기도하는 것도 가능합니다. 생각날 때나 문제가 있을 때만 기도하는 것이 아니라 매일 꾸준하게 기도하는 것이 말씀으로 드리는 기도를 통해 가능해집니다.

또한 말씀을 따라 기도할 때, 의무감으로 드리던 지루한 기도 시간이 기도에 대한 열망으로 가득 찬 시간으로 바뀌게 됩니다. 포로로 끌려갔던 이스라엘 백성들이 예루살렘으로 돌아오는 데 성공하자 느헤미야는 이스라엘 백성들과 함께 모여 하나님의 말씀을 낭독합니다.

이 날에 낮 사분의 일은 그 제자리에 서서 그들의 하나님 여호와의 율법책을 낭독하고 낮 사분의 일은 죄를 자복하며 그들의 하나님 여호와께 경배하는데 레위 사람 예수아와 바니와 갓미엘과 스바냐와 분니와 세레뱌와 바니와 그나니는 단에 올라서서 큰 소리로 그들의 하나님 여호와께 부르짖고 느 9:3,4

아침부터 세 시간 동안 말씀을 읽은 이스라엘 백성들에게 기도의 영이 부어집니다. 기도가 터져 나오기 시작합니다. 세 시간 동안 죄를 자복하며 회개하고, 하나님을 경배하는 기도를 드립니다. 레위인들 안에 기도의 열망이 끓어오르고 큰 소리로 하나님께 부르짖어 기도하게 됩니다. 말씀이 들어가자 기도가 터집니다. 무기력한 기도 생활에서 벗어나게 됩니다.

말씀으로 드리는 기도는 신앙의 연륜과 상관없이 누구라도 기도를 시작하게 합니다. 기도할 힘을 잃어버린 자들에게 기도의 열망을 일으키고 기도할 힘을 줍니다. 사랑하는 독자 여러분, 말씀으로 기도하십시오. 누구나 쉽게 기도를 시작할 수 있고 누구라도 강력한 기도의 사람이 될 수 있습니다.

응답받는 기도를 할 수 있다

이스라엘에 수년간 비가 오지 않을 거라 선포하고 시돈 땅 사르밧 과부의 집에서 3년을 은둔하던 엘리야가 드디어 갈멜산의 기도 전투를 하게 됩니다. 엘리야는 기도를 통해 3년 동안 비가 내리지 않은 이스라엘에 비를 오게 합니다.

그런데 그가 이렇게 기도할 수 있었던 이유는 하나님의 약속이 있었기 때문입니다.

많은 날이 지나고 제삼년에 여호와의 말씀이 엘리야에게 임하여 이르시되 너는 가서 아합에게 보이라 내가 비를 지면에 내리리라 왕상 18:1

하나님께서 엘리야에게 이스라엘에 비를 내리겠다고 약속하십니다. 엘리야는 그 약속을 붙들고 기도합니다. 그러자 3년 동안 내리지 않던 비가 내리기 시작합니다. 엘리야의 기도가 응답될 수밖에 없었던 이유는 바로 하나님께서 약속하신 말씀이 있었기 때문입니다.

문장이 아름다운 기도도 좋고 조리 있는 기도도 좋지만, 기도는 응답받기 위해 하는 것입니다. 응답받는 기도가 능력 있는 기도입니다. 응답이 없는 기도는 허공을 향해 외치는 자기 독백에 불과합니다. 우리의 기도가 가장 놀랍게 응답받을 수 있는 방법은 하나님께서 약속하신 말씀으로 하는 기도입니다.

> 너희가 내 안에 거하고 내 말이 너희 안에 거하면 무엇이든지 원하는 대로 구하라 그리하면 이루리라 요 15:7

성경은 하나님의 말씀이 우리 안에 있으면 우리가 무엇을 기도하든지 응답해주겠다고 약속하십니다. 하나님의 말씀을 붙들고 기도하고, 말씀을 따라 기도할 때 말씀과 내가 하나가 되고, 하나님께서 우리가 드린 기도에 응답하신다는 것입니다.

> 그를 향하여 우리가 가진 바 담대함이 이것이니 그의 뜻대로 무엇을 구하면 들으심이라 요일 5:14

하나님의 뜻대로 기도할 때, 우리가 무엇을 기도하든 하나님께서 응답하신다고 약속하십니다. 하나님의 뜻대로 기도하는 것이 바로 성경 말씀으로 기도하는 것입니다. 성경 말씀으로 기도할 때 하나님의 뜻에 따라 기도할 수 있게 되고, 응답받는 기도를 드릴 수 있게 됩니다.

하나님은 약속을 지키시는 분이십니다. 성경 말씀은 하나님의 약속으로 넘쳐납니다. 하나님의 약속을 붙들고 기도할 때 우리는 기도 응답에 대한 확신을 품고 기도할 수 있으며, 응답받는 기도를 드릴 수 있습니다. 우리의 뜻이 이뤄지는 것보다 하나님의 뜻이 이뤄지는 것이 언제나 훨씬 더 좋습니다. 하나님의 뜻 안에서 무엇이든 기도하고, 구하는 대로 응답받는 기도의 용사가 되기를 축복합니다.

성숙하고 풍성한 기도를 할 수 있다

말씀으로 기도할 때 성경을 통해 계시된 하나님을 알게 되고 하나님의 마음을 알게 됩니다. 하나님의 생각이 무엇인지, 하나님의 관심이 무엇인지, 하나님의 비전이 무엇인지 알게 됩니다. 탁월한 복음주의 신학자 D.A.카슨(D.A.Carson)은 이렇게 말했습니다.

"우리의 모든 기도의 중심에 성경적 비전이 있어야 한다. 하나님이 어떤 분이시고, 지금까지 어떤 일을 해오셨는지, 우리는 누구이고, 어디로 가고 있으며, 무엇을 아끼고 중시해야 하는지가 그 비전에 다 들어 있다. 그러한 비전에 이끌릴 때 우리는 그리스도를 점점 닮아가고, 영원에 비추어 살아가며, "아멘, 주 예수여, 오시옵소서"라는 교회의 숙원을 진심으로 함께 부르짖을 수 있다. 우리의 기도는 성경적 비전에서 비롯되어야 한다. 그래야 하나님 마음의 관심사가 곧 우리 기도의 가장 중요한 관심사가 된다."[2]

성경으로 기도할 때, 문자로 기록된 하나님의 말씀이 우리 안에 녹아드는 것을 경험하게 됩니다. 하나님이 어떤 분이시며 어떤 일을 행하셨는지, 우리가 누구이고 어디로 가고 있으며 무엇을 바라봐야 하는지 알게 됩니다. 말씀을 따라 기도할 때 우리 기도가 하나님 중심적인 기도로 변화되고, 우리 성품이 예수님을 닮아가고, 우리 삶이 성령님을 따라가는 영적 성숙을 이루게 됩니다. 말씀을 따라 기도할 때 당신은 반드시 변화됩니다.

성경에는 다양한 기도의 방법과 기도의 내용이 나옵니다. 말씀을 따라 기도할 때 우리 생각과 경험에 제한되어 있던 단조로운 기도가 더 넓어지고 풍성해지고 다양해집니다. 하늘의 해와 달을 향해 멈추라고 선포하는 말씀 앞에서 우리도 우리 삶을 향해 기적을 선포하는 기도를 드릴 수 있습니다(수 10:12,13). 하나님께서 조용한 가운데 세미한 음성을 들려주실 때 우리도 침묵 가운데 사랑하는 주님의 음성을 들을 수 있습니다(왕상 19:12). 일용할 양식을 달라는 구절로 기도할 때 우리도 삶의 필요를 구할 수 있습니다(출 16:4). 나라를 빼앗긴 아픔으로 재를 뒤집어쓰고 금식하며 기도할 때 우리도 나라와 민족을 위해 금식하는 기도를 드릴 수 있습니다(단 9:3).

---

[2] D.A.카슨, 《바울의 기도》, 윤종석 역(복 있는 사람, 2016), p.85.

기도가 달라지면 인생이 달라집니다. 성경을 따라 기도할 때 내가 알고 있는 익숙한 기도의 방법을 넘어서서 더 다양한 방법으로 기도할 수 있게 되고, 나 자신을 넘어서 더 넓은 기도 제목을 품고 기도할 수 있게 됩니다. 우리의 작은 믿음을 넘어서서 믿음의 선배들이 드렸던 더 큰 믿음의 기도를 드리게 됩니다. 성경 말씀을 따라 기도할 때 기도가 점점 성장하고 삶이 변화됩니다.

"말씀이 기도가 되게 하라. 이것이 말씀의 의미를 이해하고 기도를 배울 수 있는 가장 좋은 방법이다"라는 존 파이퍼 목사의 말처럼 하나님의 말씀을 들고 기도의 골방으로 들어가기를 축복합니다. 하나님의 말씀을 붙들고 기도하기 시작할 때 기도의 지경이 넓어지고, 기적 같은 일들이 일어나며, 꿈꿀 수 없는 삶을 살게 될 것입니다.

성경 말씀으로 하나님의 약속을 취하고 고난을 돌파하라

'오래된 약속'으로 불리는 구약(Old Testament)과 '새로운 약속'으로 불리는 신약(New Testament)은 말 그대로 약속의 책입니다. 성경에는 수많은 하나님의 약속이 기록되어 있고, 이 성경은 오늘 이곳에 있는 저와 여러분을 위해 기록되었습니다.

아브라함의 이야기를 기록하신 것은 단순히 아브라함을 보면서 부러워하라는 뜻이 아닙니다. 아브라함에게 "복의 근원이 되게 하겠다"

하신 하나님의 약속이 오늘 나를 향하신 하나님의 약속이라는 것입니다(창 12:2). 야곱을 이스라엘로 바꾸신 하나님께서 오늘 나를 그렇게 바꿔주시겠다는 것입니다(창 32:28). 버려진 요셉을 다스리는 요셉으로 바꾸신 하나님께서 오늘 우리도 그렇게 사용하시겠다는 것입니다(창 45:5).

모세에게 "내가 너를 지도자로 세우겠다"라고 하신 하나님의 약속은 오늘 나를 향한 약속이라는 것입니다(출 3:10). 이름 없는 목동을 왕으로 삼겠다고 하신 하나님의 약속은 오늘 저와 여러분에게 주시는 그분의 약속이라는 것입니다(삼상 16:7). 우리는 성경을 보면서 오늘 나를 향한 하나님의 약속으로 붙들고 기도할 수 있어야 합니다.

"히스기야의 생명을 15년 연장해 주신 하나님, 오늘 저의 생명도 연장해주실 줄 믿습니다. 골리앗을 이기게 하신 하나님, 오늘 저도 만군의 여호와의 이름으로 나아갑니다. 승리하게 하실 줄 믿습니다. 주님, 복의 근원이 되게 하겠다고 약속하셨죠. 밤하늘의 별처럼 자손이 많아질 거라 약속하셨죠. 젖과 꿀이 흐르는 땅을 차지하게 하리라 약속하셨죠. 모든 질병에서 나음을 얻으리라 약속하셨죠. 안전하게 지켜주겠다 약속하셨죠. 형통하게 되리라 약속하셨죠. 간절히 찾는 자들을 만나주겠다 약속하셨죠. 피할 바위가 되겠다고 약속해주셨죠. 선한 목자가 되어주신다 약속하셨죠. 모든 것을 합력하여 선을 이루겠다 약속하셨죠. 주님, 주님께서 약속을 지키실 줄 믿습니다."

이렇게 기도할 수 있어야 합니다.

자녀 때문에 힘들다면 "주님, 제발 우리 애가 정신 차리게 해주세요"라고 기도하는 것을 넘어서 "주님, 주님의 말씀을 따를 때 자녀까지 복을 주시겠다 약속하셨죠(신 28:4). 주님, 약속을 지켜주세요"라고 기도하시기 바랍니다. 집안이 별 볼 일 없다면 "네 이름을 창대하게 하겠다고 하신 주님(창 12:2), 약속을 지켜주세요"라고 하나님의 약속을 붙들고 기도하시기 바랍니다. 능력이 부족하다면 "피곤한 자에게 능력을 주시며 무능한 자에게 힘을 더하시겠다고 약속하신 주님(사 40:29), 제게 능력을 주시옵소서" 약속을 붙들고 기도하십시오.

재정이 필요하다면 "가난한 자를 먼지 더미에서 일으키시고 궁핍한 자를 거름더미에서 들어 세우시겠다고 약속하신 주님(시 113:7), 저를 들어 세워주시옵소서" 약속을 붙들고 기도하십시오. 마음이 두려울 때는 "오직 내 말을 듣는 자는 평안히 살며 재앙의 두려움이 없이 안전하리라 약속하신 주님(잠 1:33), 제게 평안을 주시옵소서" 말씀을 붙들고 기도하십시오. 질병 때문에 고통 가운데 있다면 "그가 채찍에 맞음으로 우리는 나음을 받았다고 약속하신 주님(사 53:5), 제가 깨끗하게 나을 줄 믿습니다" 말씀으로 기도하십시오. 삶이 고난의 연속이라면 "의인은 고난이 많으나 여호와께서 그의 모든 고난에서 건지시겠다고 약속하신 주님(시 34:19), 저를 건져주시옵소서" 말씀을 주장하며 기도하십시오.

경제가 어렵다고 합니다. 위기라고 합니다. 끝이 보이지 않는 추락이 예상된다고 합니다. 모두가 절망을 이야기합니다. 그러나 하나님에게 예상하지 못한 일이란 없습니다. 하나님나라에는 경기침체가 없습니다. 그리스도인에게 불경기란 없습니다. 우리 자신을 바라보고 주변 상황을 바라보면 절망할 일이 많지만, 하나님의 말씀을 바라보면 소망이 넘칩니다. 그래서 지금은 더욱더 힘써 기도해야 할 때입니다.

우리의 문제를 가지고 솔직하고 진실하게, 그리고 간절하게 기도해야 합니다. 그러나 거기서 멈춰서는 안 됩니다. 약속의 말씀을 붙들고 기도해야 합니다. 하나님의 약속을 주장해야 합니다. 수없이 많은 하나님의 약속을 여러분의 것으로 취해야 합니다. 하나님은 한 번 하신 말씀은 반드시 지키십니다.

성경을 한 절 한 절 읽어가며 마음에 감동이 되는 말씀을 내게 주신 하나님의 약속으로 붙들고 기도하십시오. 단순하게 보이는 이 기도가 우리의 기도를 더 풍성하게 하고, 우리를 더 강력한 기도의 사람으로 세워갈 것입니다. 누구나 시작할 수 있고, 어떤 기도도 응답받을 수 있습니다. 현실의 고난에서 도피하는 것이 아니라 하나님의 약속을 붙들고 모든 고난을 돌파하는 기도의 사람이 되기를 축복합니다.

PART 2

구약 성경을 따라
말씀으로 기도하기

1장 창세기

주님, 하늘의 신령한 복과 땅의 큰 복을 주시옵소서

1장

1 태초에 하나님이 천지를 창조하시니라

예, 주님.
이 아름다운 우주는 우연히 생겨난 것이 아닙니다.
하나님께서 창조하신 것입니다.
우주보다 크신 하나님께서
먼지보다 작은 우리를 위해 직접 만드셨습니다.

이 아름다운 세상을 바라볼 때마다
하나님의 크신 사랑이 느껴지게 하시고
이 신비로운 우주를 바라볼 때마다

하나님을 향한 경외심을 갖게 해주시옵소서.

27 하나님이 자기 형상 곧 하나님의 형상대로
　사람을 창조하시되 남자와 여자를 창조하시고
28 하나님이 그들에게 복을 주시며
　하나님이 그들에게 이르시되
　생육하고 번성하여 땅에 충만하라, 땅을 정복하라,
　바다의 물고기와 하늘의 새와 땅에 움직이는 모든 생물을
　다스리라 하시니라

생각하고, 느끼고, 의지를 가지고 행동할 수 있는
인격적인 우리의 모습 속에서 주님의 형상을 보게 하시고
하나님께서 지으신 모습 그대로
남자와 여자로 존재할 수 있는 복을 내려주시옵소서.

하나님께서 우리를 지으시고 가장 먼저 하신 일이
우리를 축복하신 것임을 기억하며 살게 하시고
주님께서 축복하신 대로
생육하고, 번성하고, 충만하고, 정복하고, 다스리는
우리의 삶이 되게 해주시옵소서.

9장

1 하나님이 노아와 그 아들들에게 복을 주시며
　그들에게 이르시되 생육하고 번성하여 땅에 충만하라

노아를 축복하셨을 뿐만 아니라
그 자녀들에게도 복을 주신 주님.
오늘 사랑하는 우리의 자녀들을 축복해주시옵소서.

삶이 힘겹고 어렵습니다.
앞이 보이지 않는다고 합니다.
알 수 없는 미래가 두렵게 합니다.

그러나 우리의 자녀들은
생육하고, 번성하고, 충만한 삶이 되게 해주시옵소서.
우리 자녀세대뿐만 아니라 그 자녀의 자녀에 이르기까지
하나님께서 주시는 놀라운 축복을 누리는 은혜를 주시옵소서.

12장

1 여호와께서 아브람에게 이르시되
　너는 너의 고향과 친척과 아버지의 집을 떠나
　내가 네게 보여줄 땅으로 가라

2 내가 너로 큰 민족을 이루고 네게 복을 주어
　네 이름을 창대하게 하리니 너는 복이 될지라
3 너를 축복하는 자에게는 내가 복을 내리고
　너를 저주하는 자에게는 내가 저주하리니
　땅의 모든 족속이 너로 말미암아 복을 얻을 것이라 하신지라

주님,
의지했던 삶의 자리, 삶의 방식, 삶의 목표를 내려놓고
주님께서 보여주시는 비전을 바라봅니다.
하나님의 비전은 저를 통해 큰 민족을 이루는 것입니다.
저를 존경받는 리더로 세우셔서
수많은 사람을 구원의 길로 인도하는 것입니다.
풍성한 삶을 살게 하는 것입니다.

이 비전이 이루어지는 동안
저를 축복하고 지지하는 사람들은
하나님께서 축복해주시고
저를 방해하고 힘들게 하는 사람들은
하나님을 상대로 싸워야 할 거라 경고해주시니
주님, 얼마나 제 마음이 든든한지 모릅니다.
주님, 감사합니다.

15장

6 아브람이 여호와를 믿으니 여호와께서 이를 그의 의로 여기시고

주님, 제가 부족한 것이 많고 연약한 것이 많습니다.
실수도 하고 실패도 합니다.
그럼에도 불구하고
그저 하나님을 믿는 믿음 하나 보시고 저를 인정해주시니
이것이 은혜입니다.

주님, 저는 평생 믿음으로 살겠습니다.
은혜로 살겠습니다.
주님만 바라보며 살겠습니다.

22장

16 이르시되 여호와께서 이르시기를
　　내가 나를 가리켜 맹세하노니
　　네가 이같이 행하여 네 아들 네 독자도 아끼지 아니하였은즉
17 내가 네게 큰 복을 주고 네 씨가 크게 번성하여
　　하늘의 별과 같고 바닷가의 모래와 같게 하리니
　　네 씨가 그 대적의 성문을 차지하리라
18 또 네 씨로 말미암아 천하 만민이 복을 받으리니

이는 네가 나의 말을 준행하였음이니라 하셨다 하니라

주님,
아브라함의 믿음을 귀히 여기시고 큰 복을 주신 것처럼
이 시간 믿음으로 엎드리는 성도들에게 큰 복을 내려주시옵소서.

믿음의 가문을 일으키는 복을 주시고
원수의 성문을 차지하는 복을 주시옵소서.
저들의 사랑하는 자녀들을
세상에 축복이 되는 리더로 세워주시옵소서.

39장

2 여호와께서 요셉과 함께하시므로
  그가 형통한 자가 되어 그의 주인 애굽 사람의 집에 있으니
3 그의 주인이 여호와께서 그와 함께하심을 보며
  또 여호와께서 그의 범사에 형통하게 하심을 보았더라

사랑하는 주님.
주님께서 요셉과 함께하실 때 요셉이 형통한 자가 되고
하나님을 알지 못하던 그 주인도
하나님께서 요셉과 함께하심을 보고

하나님께서 요셉을 형통케 하심을 보았던 것처럼
오늘 기도하는 사랑하는 성도들과
주님께서 함께해주시옵소서.
저들의 자녀들과 주님께서 함께해주시옵소서.

주님께서 함께하심으로 저들의 삶이 형통하게 하시고
하나님을 알지 못하던 자들도
하나님께서 함께하심을 보게 하시고
하나님께서 형통하게 하심을 보게 해주시옵소서.

5 그가 요셉에게 자기의 집과 그의 모든 소유물을
　 주관하게 한 때부터 여호와께서 요셉을 위하여
　 그 애굽 사람의 집에 복을 내리시므로
　 여호와의 복이 그의 집과 밭에 있는 모든 소유에 미친지라

요셉을 위해 복을 내리신 주님.
오늘 기도하는 당신의 백성에게 동일한 복을 내려주시옵소서.
저들의 가정에 복을 내려주시고
저들의 일터에 복을 내려주시고
저들이 하는 모든 사역 위에 복을 내려주시옵소서.

45장

8 그런즉 나를 이리로 보낸 이는 당신들이 아니요 하나님이시라
하나님이 나를 바로에게 아버지로 삼으시고
그 온 집의 주로 삼으시며 애굽 온 땅의 통치자로 삼으셨나이다

주님,
우리의 걸음을 인도하시는 분은 하나님이십니다.
우리의 계획대로 일이 되지 않을 때
하나님의 계획이 이루어지고 있음을 믿습니다.
잠깐 우리 눈에 실패인 것처럼 보여도
결국은 하나님의 놀라운 섭리임을 고백하게 될 것입니다.

주님, 사람이 우리의 인생을 어떻게 할 수 없습니다.
지금 우리가 이곳에 있는 이유는 그 사람 때문이 아닙니다.
그들은 비록 우리를 해하려 했을지라도
모든 상황을 역이용하시는 하나님께서
결국 모든 것을 좋게 하실 것을 믿습니다.

주님, 우리 삶의 자리가 어디에 있든지
오늘 요셉처럼 고백할 수 있는 믿음을 주시옵소서.
삶을 하나님의 시선으로 해석해낼 수 있는 영성을 주시옵소서.

49장

25 네 아버지의 하나님께로 말미암나니 그가 너를 도우실 것이요
　 전능자로 말미암나니 그가 네게 복을 주실 것이라
　 위로 하늘의 복과 아래로 깊은 샘의 복과
　 젖먹이는 복과 태의 복이리로다

주님,
수많은 원수의 공격이 있어도
그래도 안전할 수 있고
그래도 이만큼 살아낼 수 있는 것은
하나님께서 우리를 도우셨기 때문입니다.

주님, 사랑하는 당신의 자녀들을 축복합니다.
이 시간 머리 숙여 기도하는 당신의 백성들에게
큰 복을 내려주시옵소서.
하늘의 신령한 복을 주시고 땅의 큰 복을 주시옵소서.
사랑스런 자녀를 얻는 복을 주시고
자녀들을 잘 기를 수 있는 복을 주시옵소서.

이 시간 기도하는 모든 성도에게
아브라함이 누렸던 믿음의 복을 주시고

이삭이 누렸던 순종의 복을 주시고
야곱이 누렸던 예배의 복을 주시고
요셉이 누렸던 형통의 복을 주시옵소서.
그 복을 누리는 모든 성도가 되게 해주시옵소서.

만복의 근원 되시는
예수님의 이름으로 기도드립니다. 아멘.

2장 출애굽기

제 삶에 놀라운 기적을 일으켜주시옵소서

출애굽기

1장

20 하나님이 그 산파들에게 은혜를 베푸시니

　그 백성은 번성하고 매우 강해지니라

21 그 산파들은 하나님을 경외하였으므로

　하나님이 그들의 집안을 흥왕하게 하신지라

하나님을 경외하는 산파들의 가정에 큰 복을 내려주신 주님.
이 시간 하나님을 경외하는 마음으로 하나님 앞에 엎드린
성도들에게 큰 복을 내려주시고,
저들의 가정이 하나님의 복을 누리는
믿음의 가정이 되게 해주시옵소서.

이 땅에 하나님의 은혜를 입은 사람들이 더 많아지게 하시고
더욱더 강하고 영향력 있는 이 민족이 되게 해주시옵소서.

3장

10 이제 내가 너를 바로에게 보내어 너에게
   내 백성 이스라엘 자손을 애굽에서 인도하여 내게 하리라

하나님,
자신이라는 우상을 섬기며
돈의 노예로 질병의 노예로 죄의 노예로 살아가는
당신의 자녀들이 있습니다.

이 시간 믿음의 무릎을 꿇은 성도들을 향해
"내가 너를 이 시대의 영적인 모세로 세웠노라.
너를 통해 내 백성을 인도해 내리라.
가난의 노예로 살아가고 질병의 노예로 살아가고
죄의 노예로 살아가는 내 백성을 인도하라"
말씀하시는 하나님의 부르심 앞에
이 시간, 아멘으로 응답합니다.

13장

21 여호와께서 그들 앞에서 가시며
　낮에는 구름 기둥으로 그들의 길을 인도하시고
　밤에는 불 기둥을 그들에게 비추사
　낮이나 밤이나 진행하게 하시니
22 낮에는 구름 기둥, 밤에는 불 기둥이
　백성 앞에서 떠나지 아니하니라

낮에는 구름 기둥으로 우리를 덮어주시고
밤에는 불 기둥으로 우리를 비춰주시며
밤낮없이 약속의 땅을 향해 나아가게 하시니
주님, 우리가 멈춰서지 않겠습니다. 주저앉지 않겠습니다.
약속의 땅을 향해 계속 전진하겠습니다.

힘들 때마다 함께하시는 주님을 바라보고
지칠 때마다 앞서가신 주님을 붙들며
믿음의 행진을 이어가겠습니다.

14장

13 모세가 백성에게 이르되 너희는 두려워하지 말고 가만히 서서
　여호와께서 오늘 너희를 위하여 행하시는 구원을 보라

너희가 오늘 본 애굽 사람을 영원히 다시 보지 아니하리라
14 여호와께서 너희를 위하여 싸우시리니 너희는 가만히 있을지니라

사랑하는 아들아, 사랑하는 딸아(자신의 이름을 넣어서 기도하세요)
두려워 마라, 걱정하지 마라.
두 눈을 똑바로 뜨고
내가 너를 위해 무슨 일을 하는지 똑똑히 봐라.
내가 너를 위해 싸울 거야.
너를 대적하는 자들을 네가 다시는 보지 못할 거야.
너는 똑바로 서서
내가 누구인지, 내가 무슨 일을 하는지 지켜보면 돼.

예, 주님. 저를 위해 싸우시는 주님이 계시니
제 마음이 든든합니다. 누구를 만나든 자신 있습니다.

15 여호와께서 모세에게 이르시되
　　너는 어찌하여 내게 부르짖느냐
　　이스라엘 자손에게 명령하여 앞으로 나아가게 하고
16 지팡이를 들고 손을 바다 위로 내밀어 그것이 갈라지게 하라
　　이스라엘 자손이 바다 가운데서 마른 땅으로 행하리라

사랑하는 주님.
우리 앞을 막아선 바다가 아무리 거대할지라도
주님께서 들려주신 마른 막대기 앞에
종잇조각처럼 갈라지는 기적이 일어나고
마른 땅을 걷는 은혜가 임할 줄 믿습니다.

주님, 이 시간 머리 숙인 성도들에게
기도해야 할 때는 전심으로 기도하고
행동해야 할 때는 용감하게 행동하는 영성을 주시옵소서.

19장
5 세계가 다 내게 속하였나니
　너희가 내 말을 잘 듣고 내 언약을 지키면
　너희는 모든 민족 중에서 내 소유가 되겠고
6 너희가 내게 대하여 제사장 나라가 되며 거룩한 백성이 되리라
　너는 이 말을 이스라엘 자손에게 전할지니라

온 세상의 주인 되신 하나님.
아무런 자격 없는 우리를 그리스도를 믿는 믿음 하나 보시고
자녀로 삼아주시니 감사합니다.

또 우리를 향해
"너는 내 것이야. 너는 내가 책임질 거야.
흠 많은 너를 거룩한 내 백성으로 삼고
연약한 너를 모든 민족을 섬기는 제사장으로 삼을 거야"
이 놀라운 약속을 주시니 감사합니다.

주님, 이 놀라운 약속을
우리 자녀들의 가슴에서 지워지지 않도록
새기고 또 새기겠습니다.

20장

1 하나님이 이 모든 말씀으로 말씀하여 이르시되
2 나는 너를 애굽 땅, 종 되었던 집에서 인도하여 낸
   네 하나님 여호와니라

하나님,
죄의 노예로 살아가던 저희를 구원하시고
"나는 너의 하나님이야. 내가 너의 하나님이야"
말씀하시니 이보다 놀라운 은혜가 어디 있습니까.

기도할 때마다 그 위대하신 주님을 기억하겠습니다.

하나님의 이름을 부를 때마다
크고 놀라우신 사랑을 기억하겠습니다.

6 나를 사랑하고 내 계명을 지키는 자에게는
  천 대까지 은혜를 베푸느니라

우리의 자녀들까지 자자손손 복을 받는
이 놀라운 비밀을 알게 하시니 주님, 감사합니다.

주님, 주님의 말씀 안에 삶의 모든 답이 있습니다.
저는 주님의 말씀을 붙들고 살겠습니다.
주님, 사랑합니다.

23장

20 내가 사자를 네 앞서 보내어 길에서 너를 보호하여
  너를 내가 예비한 곳에 이르게 하리니

주님, 하나님의 천사들을 저보다 앞서 보내셔서
저의 걸음을 지켜주시고
주님께서 예비하신 사람을 만나고
주님께서 예비하신 은혜를 누리고

마침내 주님께서 예비하신 큰 복을 받게 하시니
저는 주님만을 따르겠습니다.

25 네 하나님 여호와를 섬기라
　그리하면 여호와가 너희의 양식과 물에 복을 내리고
　너희 중에서 병을 제하리니

주님, 제가 손대는 일마다 이렇게 풍성한 열매가 맺히고
모든 문제가 이렇게 놀랍게 해결된 것은
모두 하나님 덕분입니다.

주님께서 저를 여기까지 인도하셨기에
저는 주님만 섬기고, 주님만 따르고, 주님만 높이겠습니다.

34장

6 여호와께서 그의 앞으로 지나시며 선포하시되
　여호와라 여호와라 자비롭고 은혜롭고
　노하기를 더디하고 인자와 진실이 많은 하나님이라

**사랑하는 아들아, 사랑하는 딸아
나는 너의 하나님이야.**

아무런 자격을 묻지 않고 너를 깊이 사랑하는
너의 하나님이야.

너의 어떤 모습도 끝까지 참고 기다리며
네게 친절을 베풀고 너를 순전하게 사랑하는
너의 하나님이야.

사랑하는 딸아, 사랑하는 아들아
아무것도 두려워하지 마라.
놀라지도 말고, 겁내지도 마라.
내가 너를 지켜줄 거야.
내가 너의 하나님이야.

주님, 감사합니다.
우주보다 크신 하나님이 저의 하나님이시라니
정말 다행입니다.

우리를 구원하시고 우리를 위해 싸우시는
예수님의 이름으로 기도드립니다. 아멘.

3장 민수기

주님의 약속을
지켜주시옵소서

6장

²⁴ 여호와는 네게 복을 주시고 너를 지키시기를 원하며

²⁵ 여호와는 그의 얼굴을 네게 비추사 은혜 베푸시기를 원하며

²⁶ 여호와는 그 얼굴을 네게로 향하여 드사
평강 주시기를 원하노라 할지니라 하라

살아계신 하나님,

주님은 약속을 지키는 신실한 하나님이십니다.

이 시간 주님의 말씀을 붙들고 기도합니다.

주님께서 약속하신 대로

이 시간 기도하는 주님의 자녀에게

큰 복을 내려주시옵소서. 형통케 해주시옵소서.

환난 가운데 지켜주시고 환한 미소로 맞아주시옵소서.
한량없는 은혜를 베풀어주시고
평강이 넘쳐나게 해주시옵소서.
이것이 주님의 소원임을 믿습니다.

11장

23 여호와께서 모세에게 이르시되 여호와의 손이 짧으냐
　　네가 이제 내 말이 네게 응하는 여부를 보리라

주님, 주님은 부족함이 없으십니다.
불가능을 모르십니다.
어떻게 주님의 능력이 부족할 수 있겠습니까.
어찌 주님께서 약속을 미루시겠습니까.
절대 그럴 수 없습니다.

60만 명이 먹을 양식도
주님께서 일으키는 바람 한 번이면 충분합니다.
저에게 큰일도 주님께는 작은 일이고
저에게 불가능한 일도 주님께는 쉬운 일입니다.
주님께서 일으키는 놀라운 일을 오늘 보게 될 줄 믿습니다.

13장

30 갈렙이 모세 앞에서 백성을 조용하게 하고 이르되
　우리가 곧 올라가서 그 땅을 취하자 능히 이기리라

주님, 사람들이 안 된다고 해도 주님께서 된다 하시면 됩니다.
도저히 불가능해 보여도 주님께서 함께하시면
반드시 이루어집니다.
메뚜기 같은 저희 앞에 사자도 무릎 꿇고
거대한 장벽도 먼지처럼 사라질 것입니다.
반드시 승리하고 마침내 이길 것입니다.

14장

8 여호와께서 우리를 기뻐하시면
　우리를 그 땅으로 인도하여 들이시고 그 땅을 우리에게 주시리라
　이는 과연 젖과 꿀이 흐르는 땅이니라

저희를 기뻐하시는 주님,
저희를 젖과 꿀이 흐르는 땅으로 인도하겠다 약속하신 주님,
고난에 지친 저희를 젖과 꿀이 흐르는 땅으로 인도해주시옵소서.
메마른 삶의 자리를 젖과 꿀이 흐르는 땅이 되게 해주시옵소서.

9 다만 여호와를 거역하지는 말라
   또 그 땅 백성을 두려워하지 말라 그들은 우리의 먹이라
   그들의 보호자는 그들에게서 떠났고
   여호와는 우리와 함께하시느니라
   그들을 두려워하지 말라

주님, 저는 세상이 두렵지 않습니다.
아무리 사납게 달려드는 원수도
우리 안에 갇힌 사자에 불과합니다.
두렵게 할 수는 있어도 해할 수는 없습니다.

전능하신 하나님께서 함께하시는데
이보다 어떻게 더 든든할 수 있겠습니까.
주님, 저는 담대하게 나아가겠습니다.
의연하게 살아가겠습니다.

24 그러나 내 종 갈렙은
    그 마음이 그들과 달라서 나를 온전히 따랐은즉
    그가 갔던 땅으로 내가 그를 인도하여 들이리니
    그의 자손이 그 땅을 차지하리라

주님, 세상이 어떻게 변해도
저는 온전히 주님을 따르겠습니다.
주님의 약속을 붙들겠습니다.

주님께서 말씀하신 약속의 땅에 들어가
구원의 열매를 맺고, 치유의 은혜를 누리며,
꿈을 꾸듯 살게 될 것을 믿습니다.

28 그들에게 이르기를
　여호와의 말씀에 내 삶을 두고 맹세하노라
　너희 말이 내 귀에 들린 대로 내가 너희에게 행하리니

저희가 나누는 일상의 대화조차도 기도로 듣겠다 하시는 주님.
부정적인 말을 습관처럼 내뱉지 않겠습니다.
불평이 습관이 되지 않게 하겠습니다.

제가 말하는 대로 이루겠다고 하신 약속을 기억하며
믿음의 말을 하겠습니다.
긍정적인 말을 하겠습니다.
소망이 담긴 말을 하겠습니다.

21장

8 여호와께서 모세에게 이르시되
  불뱀을 만들어 장대 위에 매달아라
  물린 자마다 그것을 보면 살리라
9 모세가 놋뱀을 만들어 장대 위에 다니
  뱀에게 물린 자가 놋뱀을 쳐다본즉 모두 살더라

살리시는 하나님.
죽음의 위협 앞에서 저희를 살리신 것은
저희의 노력이나 공로가 아닙니다.
십자가에 달리신 예수 그리스도이십니다.
십자가의 주님을 바라보자 저의 영혼이 살아났습니다.
십자가의 주님을 바라볼 때 누구라도 살아났습니다.

주님, 죽음의 위협 앞에 있는 이 세대 위에
다시 십자가를 높이 들어 올리시고
예수 그리스도를 바라보는 자마다
살아나는 역사가 있게 해주시옵소서.

주님, 이 민족을 살려주시옵소서.
가정이 다시 십자가를 바라보게 하시고

자녀들이 다시 십자가를 바라보게 하시고
교회마다 다시 십자가를 바라보게 해주시옵소서.

23장

19 하나님은 사람이 아니시니 거짓말을 하지 않으시고
　인생이 아니시니 후회가 없으시도다
　어찌 그 말씀하신 바를 행하지 않으시며
　하신 말씀을 실행하지 않으시랴

예, 주님.
주님은 거짓말을 못 하십니다.
주님은 후회하지 않으십니다.
한번 한 약속은 반드시 지키십니다.

주님은 모든 것을 항상 넉넉하게 하겠다 약속하셨습니다.
주님은 그리스도 안에서 저희의 모든 쓸 것을
풍성하게 채워주겠다 약속하셨습니다.
주님은 저희를 그리스도 안에서
항상 이기게 하겠다 약속하셨습니다.
주님은 저희를 긍휼히 여기시고
때를 따라 돕겠다 약속하셨습니다.

주님은 저희가 수치를 당하지 않고
부끄러움을 당하지 않게 하겠다 약속하셨습니다.
주님은 저희가 구하거나 생각하는 것보다
더 넘치도록 부어주겠다 약속하셨습니다.

주님, 오늘 이 약속의 말씀을 붙들고 기도합니다.
오늘 이 약속의 말씀이 제 삶에 그대로 이루어지기를 원합니다.
주님, 역사해주시옵소서. 응답해주시옵소서.

약속을 지키시는
예수님의 이름으로 기도드립니다. 아멘.

4장 신명기

영원히 복을 받게 해주시옵소서

4장

²⁹ 그러나 네가 거기서 네 하나님 여호와를 찾게 되리니
　만일 마음을 다하고 뜻을 다하여 그를 찾으면 만나리라

저희가 찾을 때 언제든지 나타나시고
하나님을 부를 때 언제든지 듣겠다 하신 주님.
이 시간 하나님의 이름을 부르며 하나님을 찾습니다.
이곳에 임재하셔서 저희의 기도를 들으시고
부르짖음에 응답해주시옵소서.

⁴⁰ 오늘 내가 네게 명령하는 여호와의 규례와 명령을 지키라
　너와 네 후손이 복을 받아

네 하나님 여호와께서 네게 주시는 땅에서 한없이 오래 살리라

사랑하는 아들아, 사랑하는 딸아
내가 주는 큰 복을 받는 비결을 알고 있니?
네가 이 땅에서 잘 사는 방법 말이야.
내가 네게 베푸는 은혜를 누리며
건강하게 오래오래 살 수 있는 비결이고,
너뿐만 아니라, 네 자녀 세대까지
영원히 복을 받는 비밀 말이야.
네가 꿈꿀 수 없는 삶을 사는 길 말이야.

그것은 너의 하나님 나 여호와를 경외하고
너의 마음을 다하고 뜻을 다해 나 여호와를 사랑하는 거야.
뿐만 아니라, 내가 너의 행복을 위해 주었던
나의 약속을 따라 사는 거야.

그리고 이 모든 것은 내 아들 예수를 통해 가능하단다.
나의 영이 너를 도와줄 거야.

내 아들 예수를 통해 내게 나오고,
내 아들 예수를 통해 나를 바라보고,

내 아들 예수를 힘입어 나를 따르는 거야.
내 아들 예수와 함께 사는 거지(신 5:10, 7:9, 10:12,13, 28:1).

하나님, 저와 저희 가정이
하나님을 경외하는 가정이 되게 해주시옵소서.
하나님을 사랑하며, 하나님을 섬기는
믿음의 가정이 되게 해주시옵소서.

마음이 불안하다고 다른 신을 찾지 않겠습니다.
무당 앞에 앞날을 점치는 어리석은 짓을 하지 않겠습니다.
언제나 마음을 다해 하나님을 예배하며 말씀에 순종하겠습니다.

사람을 살리는 말을 하고 가정을 지키는 선택을 하겠습니다.
다른 사람과 비교하는 것을 멈추고
다른 이를 존중하며 살겠습니다.

주님, 주님께서 허락하신 삶을
행복하게 살아가는 은혜를 내려주시옵소서.

6장

6 오늘 내가 네게 명하는 이 말씀을 너는 마음에 새기고

7 네 자녀에게 부지런히 가르치며
　집에 앉았을 때에든지 길을 갈 때에든지
　누워 있을 때에든지 일어날 때에든지 이 말씀을 강론할 것이며
8 너는 또 그것을 네 손목에 매어 기호를 삼으며
　네 미간에 붙여 표로 삼고
9 또 네 집 문설주와 바깥 문에 기록할지니라

하나님,
저희 가정은 하나님의 말씀을 따라 살겠습니다.
자녀들에게도 부지런히 말씀을 가르치겠습니다.

집에서도, 거리에서도, 일어날 때도, 잠들 때도
언제나 말씀을 나누겠습니다.
책상 앞에도, 화장실에도, 냉장고 문에도,
핸드폰 바탕 화면까지 하나님의 말씀을 붙여놓고
볼 때마다 읽고 암송하고 묵상하겠습니다.

언제든지 어떤 상황이든지
하나님의 말씀이 입에서 바로 나올 수 있도록
날마다 말씀을 마음에 새기겠습니다.

7장

²¹ 너는 그들을 두려워하지 말라
　너희의 하나님 여호와 곧 크고 두려운 하나님이
　너희 중에 계심이니라

하나님, 저희를 두렵게 하는 것들이 참 많습니다.
그때마다 눈을 들어 주님을 보기 원합니다.
지난날 하나님께서 베푸신 은혜를 기억하고
하나님께서 행하신 크고 놀라운 일들을 떠올리게 해주시옵소서.

오늘도 기적의 하나님께서 저와 함께하시며
하나님의 큰 손이 저를 붙드시기에
두려워하지 않고 담대하게 나아가겠습니다.

11장

¹⁴ 여호와께서 너희의 땅에
　이른 비, 늦은 비를 적당한 때에 내리시리니
　너희가 곡식과 포도주와 기름을 얻을 것이요

사랑하는 주님,
주님께서 허락하지 않으시면 아무것도 안 됩니다.

저희가 풍성한 삶을 사는 것은
주님께서 때에 맞게 은혜의 단비를 내리시고
때에 맞게 열매를 맺게 하셨기 때문입니다.
제때 주시는 하나님의 은혜가
저희 삶 속에 계속 있게 해주시옵소서.

16장

20 너는 마땅히 공의만을 따르라
　　그리하면 네가 살겠고
　　네 하나님 여호와께서 네게 주시는 땅을 차지하리라

주님, 저희가 끝까지 잘 사는 비결은
보는 사람이 아무도 없어도
옳은 선택을 하고, 바른 선택을 하는 것입니다.

사람은 속일 수 있어도 하나님을 속일 수는 없고,
잠깐은 속일 수 있어도 영원히 속일 수는 없습니다.

주님, 주님께서 주시는 복이 진짜 복임을 알고
불법을 행하지 않는 은혜를 주시옵소서.

31장

⁶ 너희는 강하고 담대하라 두려워하지 말라 그들 앞에서 떨지 말라
　이는 네 하나님 여호와 그가 너와 함께 가시며
　결코 너를 떠나지 아니하시며 버리지 아니하실 것임이라

사랑하는 딸아, 사랑하는 아들아
힘을 내, 용기를 가져.
내가 보이지 않아도 걱정하지 마.
내가 느껴지지 않을 때도 두려워하지 마.
내가 항상 너보다 앞서가며 너를 인도할 테니
너는 가던 길을 계속 가면 돼.
내가 너와 영원히 함께할 거야.

33장

²⁹ 이스라엘이여 너는 행복한 사람이로다
　여호와의 구원을 너같이 얻은 백성이 누구냐
　그는 너를 돕는 방패시요 네 영광의 칼이시로다
　네 대적이 네게 복종하리니 네가 그들의 높은 곳을 밟으리로다

사랑하는 아들아, 사랑하는 딸아
너처럼 복 받은 사람이 어디 있겠니?

너처럼 행복한 사람이 어디 있겠어.

너의 노력이 아니라 나의 사랑이 너를 구원한 거야.

그 사랑으로 너를 도와주고 그 사랑으로 너를 높여줄 거야.

너를 상대로 싸우는 자들은 모두 네 삶의 디딤돌이 되고 말 거야.

예 주님, 그렇습니다.

저처럼 행복한 사람은 없습니다.

주님 같은 분은 세상에 또 없습니다.

저는 주님만 높이며 살겠습니다.

주님만 따르며 살겠습니다.

주님, 저의 걸음을 인도해주시옵소서.

언제나 앞서가시며 저희의 걸음을 인도하시는

예수님의 이름으로 기도드립니다. 아멘.

5장 여호수아서 1-4장
제 길을 평탄하게 해주시옵소서

여호수아서 1

1장

⁷ 오직 강하고 극히 담대하여
  나의 종 모세가 네게 명령한 그 율법을 다 지켜 행하고
  우로나 좌로나 치우치지 말라
  그리하면 어디로 가든지 형통하리니
⁸ 이 율법책을 네 입에서 떠나지 말게 하며
  주야로 그것을 묵상하여 그 안에 기록된 대로 다 지켜 행하라
  그리하면 네 길이 평탄하게 될 것이며 네가 형통하리라

저의 길을 평탄케 하시고 저의 삶을 형통케 하시는 하나님,
제가 행복하길 저보다 더 원하시는 분이 하나님이심을 믿습니다.

그 사랑하는 주님 안에 거할 때
제 안에 진정한 만족이 있음을 알기에
날마다 주님 안에 거하며 주님과 동행하며 살겠습니다.
주님의 말씀을 따라 살겠습니다.
말씀이 가라 하면 저도 가고
말씀이 멈추는 곳에 저도 멈추겠습니다.

사람들은 안 된다 못 한다 하지만
하나님은 **"두려워 말고 나를 믿어라.
걱정하지 말고 믿기만 해라"** 말씀하시니
주님, 제가 주님의 말씀을 붙들겠습니다.

일이 뜻대로 되지 않고 믿었던 사람이 배신해도
저는 하나님을 원망하지 않겠습니다.
제 기분에 끌려가지 않고 하나님의 말씀을 따르겠습니다.

배우자의 말에 가슴이 아프고
자녀의 태도에 마음이 상하고
부모님의 모습에 실망이 돼도
주님, 저는 가족을 포기하지 않고 계속해서 기도하겠습니다.

하나님,

하나님을 거부하고, 하나님의 말씀을 거부하는 시대입니다.

그러나 저는 더 뜨겁게 하나님을 사랑하겠습니다.

자기만 생각하는 풍조 속에서도 이웃을 돌아보며 살겠습니다.

주님, 제게 말씀대로 살아갈 용기를 주시고

말씀대로 사랑할 힘을 주시옵소서.

주님의 말씀대로 살아갈 때

골짜기가 메워지고 험한 산이 낮아지며

굽은 길이 곧아지고 험한 길이 평탄케 될 줄 믿습니다.

9 내가 네게 명령한 것이 아니냐

　강하고 담대하라 두려워하지 말며 놀라지 말라

　네가 어디로 가든지 네 하나님 여호와가

　너와 함께하느니라 하시니라

주님,

저는 마음이 약하고 두려움이 많습니다.

그러나 주님께서 강하고 담대하라 하시니

말씀에 순종하겠습니다.

이제 두려워하지 않겠습니다. 놀라지 않겠습니다.

제가 어디로 가든지 주님께서 저와 함께하시고
제가 어디에 있든지 주님께서 제 안에 계시니
이제 겁내지 않겠습니다.

저를 공격하는 그 어떤 원수보다
제 안에 계신 주님이 훨씬 더 크시기에
낙심하지 않겠습니다. 담대하겠습니다. 용기를 내겠습니다.
자신감을 갖겠습니다. 당당해지겠습니다.

3장

5 여호수아가 또 백성에게 이르되 너희는 자신을 성결하게 하라
   여호와께서 내일 너희 가운데에 기이한 일들을 행하시리라

주님, 오늘도 제 마음에 그리스도의 보배로운 피를 뿌립니다.
주님께서 마음껏 일하시도록
제 마음을 깨끗하게 하시고,
거룩하신 주님께서 마음껏 역사하시도록
제 영혼을 새롭게 해주시옵소서.
주님을 따르는 저희의 삶 속에
기적 같은 일이 일어날 줄 믿습니다.

7 여호와께서 여호수아에게 이르시되
　내가 오늘부터 시작하여 너를 온 이스라엘의 목전에서
　크게 하여 내가 모세와 함께 있었던 것같이
　너와 함께 있는 것을 그들이 알게 하리라

사랑하는 아들아, 사랑하는 딸아
내가 하는 말을 잘 들으렴.
네가 어느 집안사람인지 네가 어떤 실패를 했는지 상관없이
오늘 내가 너를 높여줄 거야.
나를 따르는 너를 보며 모든 사람이 부러워하게 될 거야.
사람들이 너를 통해 전능한 나 여호와를 보게 될 거야.

4장
14 그 날에 여호와께서 모든 이스라엘의 목전에서
　여호수아를 크게 하시매 그가 생존한 날 동안에 백성이
　그를 두려워하기를 모세를 두려워하던 것같이 하였더라

사랑하는 딸아, 사랑하는 아들아
오늘이 바로 그날이야.
내가 너를 높여주는 그 날이야.
내가 너의 억울함을 풀어주고 너의 모든 상처를 치유하고

잃어버린 모든 것을 되찾아 주는 바로 그날이야.
사람들이 너를 좋아하고 사람들이 너를 따르고
네가 사람들의 사랑을 받는 바로 그날이야.

**내가 너의 지경을 넓혀주고
이전과는 차원이 다르게 살게 할 거야.
내가 너를 높여줄 거야.**

주님, 오늘 이 약속의 말씀을 의지합니다.
말씀대로 이루어질 줄 믿습니다.

24 이는 땅의 모든 백성에게
　　여호와의 손이 강하신 것을 알게 하며
　　너희가 너희의 하나님 여호와를 항상 경외하게 하려 하심이라

주님, 제게 일어난 수많은 기적 같은 일은
모두 주님께서 하신 일입니다.
죄의 노예로 살던 제가 하나님의 자녀가 된 것은
주님께서 하신 것입니다.
돈의 노예로 살던 제가 하나님의 청지기로 살게 된 것은
주님께서 하신 일입니다.

욕망의 노예로 살던 제가 하나님의 나라를 꿈꾸게 된 것은
주님께서 하신 일입니다.

주님, 세상이 저를 통해
주님이 얼마나 놀라운 분이신지 보고 있습니다.
주님은 정말 놀라운 분이십니다.
제 영혼이 주님을 높여드립니다.

크고 놀라우신
예수님의 이름으로 기도드립니다. 아멘.

6장 여호수아서 6-24장

주님을 제한하지 않는 믿음을 주시옵소서

6장

27 여호와께서 여호수아와 함께하시니
  여호수아의 소문이 그 온 땅에 퍼지니라

주님, 주님께서 함께하시니
거대한 여리고 성벽이 무너졌습니다.
이제 제 앞을 가로막은 모든 성벽 또한 무너지리라 믿습니다.
고난의 성벽이 무너지고 고통의 성벽도 무너지리라 믿습니다.

그뿐만 아니라, 여호수아의 소문이 온 땅에 퍼진 것처럼
오늘 저에 대한 소문이 온 땅에 퍼지게 해주시옵소서.
"크신 하나님이 너와 함께하시는구나.

정말 하나님께서 살아계시는구나.

전능하신 하나님께서 너를 사랑하시는구나.

네가 하나님의 큰 은혜를 입었구나."

사람들이 저에 대한 소문을 듣고

하나님의 크심을 고백하게 해주시옵소서.

10장

12 여호수아가 여호와께 아뢰어 이스라엘의 목전에서 이르되

　　태양아 너는 기브온 위에 머무르라

　　달아 너도 아얄론 골짜기에서 그리할지어다 하매

13 태양이 머물고 달이 멈추기를

　　백성이 그 대적에게 원수를 갚기까지 하였느니라

하나님, 어찌 이런 일이 있을 수 있습니까.

해가 멈추고, 달이 멈춘다는 것이 말이 됩니까.

그러나 하나님은 이런 말도 안 되는 일을 행하시는

기적의 하나님이십니다.

하나님, 오늘 저에게 여호수아의 믿음을 주시옵소서.

해를 향해 선포하고, 달을 향해 선포할 수 있는

담대한 믿음을 주시옵소서.

저희가 기도할 때 우주조차도 멈춰 세우신
전능하신 하나님을 믿는 믿음을 주시옵소서.

하나님의 능력을 제한하지 않고
과감하게 구할 수 있는 믿음을 주시옵소서.
인생의 절박한 순간에 온전히 하나님을 의지하는
믿음을 주시옵소서.

21장

45 여호와께서 이스라엘 족속에게 말씀하신
　선한 말씀이 하나도 남음이 없이 다 응하였더라

선하신 주님,
주님은 약속을 지키시는 신실한 하나님이십니다.
주님께서 하신 약속을 하나도 남김없이
완벽하게 이루셨던 것처럼
오늘 제 삶 가운데 주님의 약속을 이루어주시옵소서.

구원의 은혜를 누리게 하시고 영원한 삶을 꿈꾸게 해주시옵소서.
평화로운 날들을 허락하시고 풍성한 삶을 살게 해주시옵소서.

땅의 기름진 것을 베풀어주시고

하늘의 신령한 것으로 채워주시옵소서.

주님의 수많은 약속의 말씀을 오늘 제게 이루어주시옵소서.

23장

10 너희 중 한 사람이 천 명을 쫓으리니

　이는 너희의 하나님 여호와 그가 너희에게 말씀하신 것같이

　너희를 위하여 싸우심이라

이름 없는 한 사람이 천 명의 몫을 해낸 것은

주님의 은혜입니다.

주님께서 제 편이 되어 싸워주시고

주님께서 저를 대신해 싸워주시니

저를 당할 자가 누가 있겠습니까. 아무도 없습니다.

24장

13 내가 또 너희가 수고하지 아니한 땅과

　너희가 건설하지 아니한 성읍들을 너희에게 주었더니

　너희가 그 가운데에 거주하며

　너희는 또 너희가 심지 아니한 포도원과

　감람원의 열매를 먹는다 하셨느니라

주님, 주님은 땅을 허락하시고 집을 허락하시며
일터를 허락하시고 풍성한 열매를 허락하시는 분이십니다.

이 시간 주님께 무릎 꿇은 성도들에게
자신의 노력으로는 꿈조차 꿀 수 없는 삶을 살게 해주시옵소서.
청약이 당첨되게 하시고 새로운 일터를 허락하시고
수고하고 애쓴 것보다 더 많은 것을 누리는
은혜를 베풀어주시옵소서.

14 그러므로 이제는 여호와를 경외하며
    온전함과 진실함으로 그를 섬기라
    너희의 조상들이 강 저쪽과 애굽에서 섬기던
    신들을 치워버리고 여호와만 섬기라

예, 주님.
제 삶을 여기까지 인도하신 분은 하나님이십니다.
저는 주님을 의지하고, 주님을 사랑하고, 주님을 따르겠습니다.
주님보다 더 의지했던 것을 내려놓고
주님보다 더 사랑했던 것을 내려놓습니다.
저것만 있으면 행복할 거라 믿었던 모든 우상을 내려놓고
주님만을 섬기겠습니다.

15 … 너희가 섬길 자를 오늘 택하라

　　오직 나와 내 집은 여호와를 섬기겠노라

"사랑하는 성도 여러분,
여러분은 우상을 섬기겠습니까, 하나님을 섬기겠습니까?
저와 저의 가정은 주님을 섬기겠습니다.
여러분도 오늘 결정하십시오."

주님, 이렇게 설교할 수 있는 목회자를
이 땅에 더 많이 세워주시옵소서.
이렇게 가르칠 수 있는 사역자를 더 많이 세워주시옵소서.

24 백성이 여호수아에게 말하되

　　우리 하나님 여호와를 우리가 섬기고

　　그의 목소리를 우리가 청종하리이다 하는지라

"목사님, 결정했습니다.
저와 저의 가정은 예수님을 섬기고, 예수님의 말씀을 따르고,
예수님의 이름을 높이며 살겠습니다.
예수님과 동행하며 사는 것이 가장 큰 행복입니다."

주님, 이렇게 고백하는 성도들을
이 땅에 더 많이 세워주시옵소서.

31 이스라엘이 여호수아가 사는 날 동안과
　여호수아 뒤에 생존한 장로들
　곧 여호와께서 이스라엘을 위하여 행하신
　모든 일을 아는 자들이 사는 날 동안
　여호와를 섬겼더라

주님,
저희의 신앙이
누군가에게 전해 들은 신앙에 머물지 않게 하시고
직접 체험하는 신앙이 되게 해주시옵소서.
하나님을 부인할 수 없고 하나님을 떠날 수 없는
영적인 체험이 있는 신앙이 되게 해주시옵소서.

말씀 앞에 무너지는 은혜를 체험하게 하시고
기도 중에 성령을 체험하게 해주시옵소서.
강력하게 임재하시는 하나님을 느끼게 하시고
십자가의 사랑을 온몸으로 경험하게 해주시옵소서.

이 은혜가 우리 세대뿐만 아니라

주님 다시 오시는 그날까지

저희의 자녀 세대에게 계속해서 임하기를 소원합니다.

저희의 기도에 우주를 멈춰 세우시는

예수님의 이름으로 기도드립니다. 아멘.

7장   사무엘상 2-15장

제 삶의 닫힌 문을 열어주시옵소서

2장

6 여호와는 죽이기도 하시고 살리기도 하시며
　스올에 내리게도 하시고 거기에서 올리기도 하시는도다
7 여호와는 가난하게도 하시고 부하게도 하시며
　낮추기도 하시고 높이기도 하시는도다

가난한 자를 부요케 하시고 목마른 자를 시원케 하시며
모든 것이 끝난 자에게 다시 시작하는 은혜를 베푸시는 주님.

이 시간 저의 삶에
죽음의 위기에서 살아나는 기적이 일어나게 하시고
절망의 자리에서 다시 일어서는 은혜를 베풀어주시옵소서.

궁핍한 삶을 끊어주시고 부요함을 누리는 복을 주시옵소서.
시시하게 사는 것을 거부하고
의미 있게 살아가는 은혜를 주시옵소서.

주님,
제 삶의 문이 닫힌 것은 우연이 아닙니다.
제 삶의 문이 열린 것 또한 어쩌다 된 것이 아닙니다.
여는 분도 하나님이시고 닫는 분도 하나님이십니다.
제 삶에 닫혀야 할 문이 있다면 모두 닫아주시고
열려야 할 문이 있다면 활짝 열어주시옵소서.

열린 문을 바라볼 때 교만해지는 것이 아니라
주님의 은혜를 고백하게 하시고,
닫힌 문을 바라볼 때는 절망하는 것이 아니라
주님의 뜻을 찾게 해주시옵소서.

30 … 나를 존중히 여기는 자를 내가 존중히 여기고
　　나를 멸시하는 자를 내가 경멸하리라

주님, 인생을 망치는 것은 너무 쉽습니다.
주님을 부인하면 인생은 반드시 망가집니다.

주님, 제가 주님 앞에 서는 그날까지
주님을 높이며 살게 해주시옵소서.

한 번의 예배에도 정성을 다하고
한 구절의 말씀에도 마음을 쏟으며
하루를 살아도 주님과 동행하게 해주시옵소서.
이것이 진짜 잘 사는 삶임을 믿습니다.

3장

21 여호와께서 실로에서 다시 나타나시되
　　여호와께서 실로에서 여호와의 말씀으로
　　사무엘에게 자기를 나타내시니라

주님, 사무엘에게 그러셨듯이
오늘 제게도 찾아와 주시옵소서.
주님의 음성을 들려주시고
주님의 성품을 드러내시고
주님의 능력을 나타내주시옵소서.
날마다 주님의 얼굴을 바라보며
주님과 동행하게 해주시옵소서.

12장

22 여호와께서는 너희를
　　자기 백성으로 삼으신 것을 기뻐하셨으므로
　　여호와께서는 그의 크신 이름을 위해서라도
　　자기 백성을 버리지 아니하실 것이요

저를 기뻐하시는 주님,
다시 한번 주님의 은혜를 고백합니다.
제가 하나님의 자녀가 된 것은
주님의 사랑 때문입니다.
수없이 넘어져도 여전히 살 수 있는 것은
주님의 사랑 때문입니다.
주님의 사랑이 저를 살렸고
주님의 은혜가 저를 살아가게 하십니다.

다시 또 무너지고 쓰러져도 결코 저를 버리지 않으시는 주님,
아무리 힘들어도 저 또한 주님을 등지지 않게 하시고
날마다 주님으로 채워주시옵소서.

23 나는 너희를 위하여 기도하기를 쉬는 죄를
　　여호와 앞에 결단코 범하지 아니하고

주님, 기도를 쉬는 것을 죄악이라 여겼던 사무엘처럼
제게 맡기신 영혼을 가슴에 품고
날마다 기도하기 원합니다.

기도로 저들의 매인 것을 풀어내고
기도로 닫힌 것을 열어주는
기도의 사람이 되게 해주시옵소서.
기도가 모든 삶의 문을 여는 열쇠임을 믿습니다.

24 너희는 여호와께서 너희를 위하여 행하신 그 큰일을 생각하여
　 오직 그를 경외하며 너희의 마음을 다하여 진실히 섬기라

사랑하는 주님,
주님께서 제 삶 가운데 행하신 크고 놀라운 일들을 생각합니다.

하나님을 부인하던 저를 십자가 앞으로 인도하시고,
멸망의 길을 걷던 저를 생명의 길로 이끄시고,
절망의 자리에 있던 저를 소망의 자리로 옮기신 주님.

이 시간 다시 한번 믿음으로 결단합니다.
마음을 다해 주님을 사랑하며

정성을 다해 주님을 높이고
힘을 다해 주님을 따르겠습니다.
이것이 저의 간절한 소원입니다.

15장

22 사무엘이 이르되 여호와께서 번제와 다른 제사를
    그의 목소리를 청종하는 것을 좋아하심같이 좋아하시겠나이까
    순종이 제사보다 낫고 듣는 것이 숫양의 기름보다 나으니

주님,
매일 드리는 예배일지라도
오늘 드리는 예배가 제 생의 마지막 예배인 것처럼
떨리는 마음으로 예배하겠습니다.
수없이 들었던 말씀일지라도
처음 듣는 마음으로 순종하며 따르겠습니다.

말씀에 끌려가든 말씀을 좇아가든
날마다 주님의 말씀으로 살아가는 복을 주시옵소서.

주님이 여시면 닫을 자가 없고
주님이 닫으시면 열 자가 없습니다.

이 시간,
말씀을 따라가는 성도들의 모든 닫힌 문을 열어주시고
순전하게 예배하는 성도들에게 모든 삶의 문을 열어주시옵소서.
열린 문으로 들어가는 복을 주시옵소서.

저희 삶의 모든 닫힌 문을 여시는
예수님의 이름으로 기도드립니다. 아멘.

8장 사무엘상 16-30장

주님의 마음에 합한 자로 살게 해주시옵소서

16장

7 여호와께서 사무엘에게 이르시되
그의 용모와 키를 보지 말라 내가 이미 그를 버렸노라
내가 보는 것은 사람과 같지 아니하니 사람은 외모를 보거니와
나 여호와는 중심을 보느니라 하시더라

중심을 보시는 하나님,
예수님을 거부하고 자기를 자랑하는 세상에서
예수님을 사랑하고 예수님을 자랑하며 살기 원합니다.

주님께서 중요하게 여기는 것을 저도 중요하게 여기고
주님께서 가볍게 여기는 것을 저도 가볍게 여기겠습니다.

제게 주님의 시선과 주님의 마음을 주시고

주님의 마음에 합한 자로 살게 해주시옵소서.

17장

⁴⁵ 다윗이 블레셋 사람에게 이르되

    너는 칼과 창과 단창으로 내게 나아오거니와

    나는 만군의 여호와의 이름

    곧 네가 모욕하는 이스라엘 군대의 하나님의 이름으로

    네게 나아가노라

주님,

인생의 위기 앞에서 핑곗거리를 찾는 사람이 아니라,

주님이 얼마나 크신 분인지 선포하는 사람이 되게 해주시옵소서.

아무리 상황이 힘들고 끝이 보이지 않아도

헤쳐나갈 방법이 주님께 있고

이겨낼 방법이 주님께 있음을 믿고

담대하게 나아가게 해주시옵소서.

⁴⁶ 오늘 여호와께서 너를 내 손에 넘기시리니

    내가 너를 쳐서 네 목을 베고

블레셋 군대의 시체를 오늘 공중의 새와 땅의 들짐승에게 주어

온 땅으로 이스라엘에 하나님이 계신 줄 알게 하겠고

47 또 여호와의 구원하심이 칼과 창에 있지 아니함을

이 무리에게 알게 하리라

전쟁은 여호와께 속한 것인즉

그가 너희를 우리 손에 넘기시리라

예, 주님.
조건도 중요하고 상황도 중요하지만
인생의 성패를 결정짓는 것은 하나님이십니다.

저도 다윗처럼 하나님의 손에 모든 것이 달려있음을 믿고
당당하게 나가기를 원합니다.
주님께서 반드시 이기게 하신다는 믿음을
제게도 허락해주시옵소서.

반드시 이겨서 살아계신 하나님을 알게 하고
반드시 이겨서 구원의 하나님을 전하고
반드시 이겨서 하나님의 크심을 나타내게 해주시옵소서.

20장

17 다윗에 대한 요나단의 사랑이 그를 다시 맹세하게 하였으니
　이는 자기 생명을 사랑함같이 그를 사랑함이었더라

주님,
다윗에게는 요나단이 복이었고
요나단에게는 다윗이 복이었던 것처럼
제게도 아름다운 만남의 복을 주시옵소서.

자신의 목숨보다 다윗을 더 아꼈던
요나단의 사랑을 제게 주시고,
목숨을 걸고 사랑할 다윗 같은 친구를 제게 주시옵소서.

생명을 걸고 사랑하고, 생명을 건 사랑을 받는
아름다운 우정을 제게도 허락해주시옵소서.

24장

12 여호와께서는 나와 왕 사이를 판단하사
　여호와께서 나를 위하여 왕에게 보복하시려니와
　내 손으로는 왕을 해하지 않겠나이다

주님, 제게 힘이 있다고
주님께서 세우신 사람을 제 손으로 심판하지 않기를 원합니다.
주님께서 세우신 사람을 상대로 싸우지 않겠습니다.

주님의 사람은 주님께서 심판하실 것을 믿고
모든 것을 주님께 맡기는 겸손한 마음을 주시옵소서.
다른 사람의 인생을 제 손으로 망가뜨리지 않는
온유한 마음을 주시옵소서.

30장

6 백성들이 자녀들 때문에 마음이 슬퍼서
　다윗을 돌로 치자 하니 다윗이 크게 다급하였으나
　그의 하나님 여호와를 힘입고 용기를 얻었더라

주님, 제가 의지할 분은 주님이십니다.
갑작스럽게 찾아온 위기의 순간에
넋을 잃고 주저앉는 것이 아니라
정신을 차리고 주님을 부르겠습니다.

주님의 이름을 부를 때 지혜와 능력을 베풀어주시고
모든 상황을 돌파하는 은혜를 주시옵소서.

8 다윗이 여호와께 묻자와 이르되
　내가 이 군대를 추격하면 따라잡겠나이까 하니
　여호와께서 그에게 대답하시되 그를 쫓아가라
　네가 반드시 따라잡고 도로 찾으리라

주님, 인생의 중요한 순간에 주님께 먼저 기도했던 다윗처럼
저도 주님께 먼저 기도할 수 있는 거룩한 영성을 주시옵소서.
주님께서 말씀하실 때 언제든지 알아듣게 하시고
주님께서 말씀하시면 무엇이든 순종하게 해주시옵소서.

"그를 쫓아가라. 네가 반드시 따라잡고 도로 찾으리라."
　예, 주님.
반드시 따라잡고 도로 찾게 될 줄 믿습니다.
잃어버린 시간, 잃어버린 건강, 잃어버린 물질,
잃어버린 사람까지 모든 것을 되찾게 될 줄 믿습니다.
주님, 역사해주시옵소서.

다윗의 하나님이 저의 하나님이심을 믿으며
예수님의 이름으로 기도드립니다. 아멘.

9장 사무엘하

믿음의 명문가를 이루게 해주시옵소서

5장

¹⁰ 만군의 하나님 여호와께서 함께 계시니
　다윗이 점점 강성하여 가니라

전능하신 주님,
주님께서 다윗과 함께하실 때
그 힘이 점점 강해지고 세력이 번성한 것처럼
이 시간 기도하는 당신의 백성들과 함께하시고
강해지고 번성하는 복을 주시옵소서.

7장

⁹ 네가 가는 모든 곳에서 내가 너와 함께 있어

네 모든 원수를 네 앞에서 멸하였은즉
땅에서 위대한 자들의 이름같이
네 이름을 위대하게 만들어주리라

사랑하는 아들아, 사랑하는 딸아
다윗에게 했던 약속은 오늘 너를 위한 약속이야.
이 약속이 오늘 너의 삶에 그대로 이루어지게 될 거야.

네가 가는 곳마다 내가 너와 함께하고
너의 앞을 가로막는 모든 원수를 내가 물리칠 거야.
이제 떠도는 삶을 멈추고
아름다운 집에서 평안을 누리며 살게 할 거야.
평범했던 너의 이름을 모든 사람이 알게 할 거야.
나는 약속을 지키는 너의 하나님이야.

16 네 집과 네 나라가 내 앞에서 영원히 보전되고
　 네 왕위가 영원히 견고하리라 하셨다 하라

사랑하는 딸아, 사랑하는 아들아
어떤 일이 있어도 너를 향한 나의 사랑은 멈추지 않는단다.
너의 집과 너의 나라는 영원히 안전할 거야.

누구도 너의 자리를 흔들지 못할 거야.
내가 너의 가문에 복을 줄 거야.

¹⁸ 다윗 왕이 여호와 앞에 들어가 앉아서 이르되
　주 여호와여 나는 누구이오며 내 집은 무엇이기에
　나를 여기까지 이르게 하셨나이까

사랑하는 주님, 이 무슨 은혜입니까.
제가 뭐라고 이런 사랑을 받고
제가 뭘 했다고 이런 은혜를 받습니까.
제가 한 것은 아무것도 없습니다.

하나님의 은혜가 저를 여기까지 인도했고
하나님의 사랑이 저를 여기까지 이끌었습니다.
제가 이렇게 살 수 있는 것은 모두 은혜입니다.

²⁹ 이제 청하건대 종의 집에 복을 주사
　주 앞에 영원히 있게 하옵소서
　주 여호와께서 말씀하셨사오니
　주의 종의 집이 영원히 복을 받게 하옵소서 하니라

신실하신 하나님, 다시 한번 기도합니다.
사랑하는 당신의 자녀에게 복을 내려주시옵소서.
이미 주님께서 약속하신 것처럼
자녀의 자녀에 이르기까지 하나님의 큰 복을 내려주시옵소서.
날마다 주님과 동행하는 복을 주시고
끝까지 주님께 쓰임 받는 복을 주시옵소서.

22장

7 내가 환난 중에서 여호와께 아뢰며 나의 하나님께 아뢰었더니
　그가 그의 성전에서 내 소리를 들으심이여
　나의 부르짖음이 그의 귀에 들렸도다

긍휼이 풍성하신 주님,
제가 고난 가운데 모든 것이 끝난 것 같고
모두가 버림받았다고 이야기할 때
저는 여전히 주님께 기도하겠습니다.

힘들고 어렵고 포기하고 싶을 때,
하나님이 듣지 않으신 것 같고
하나님께 거절당한 것 같을지라도
저는 다시 부르짖을 것입니다.

주님께서 저의 기도를 들으시고
제게 응답하실 것을 믿습니다.

29 여호와여 주는 나의 등불이시니
　여호와께서 나의 어둠을 밝히시리이다
30 내가 주를 의뢰하고 적진으로 달리며
　내 하나님을 의지하고 성벽을 뛰어넘나이다

빛 되신 주님,
저는 어둠이 두렵지 않습니다.
주님의 영광이 항상 저의 앞길을
환하게 비추고 있기 때문입니다.

저를 막아선 사람이 누구든 저를 막아선 상황이 어떻든
사람 앞에 기죽지 않고 상황 앞에 주눅 들지 않겠습니다.

저와 함께하시는 주님을 신뢰하며
어둠을 향해 뛰어들겠습니다.
장애물을 뛰어넘겠습니다.
고개를 들고, 가슴을 열고, 당당하게 달려가겠습니다.

31 하나님의 도는 완전하고 여호와의 말씀은 진실하니
　그는 자기에게 피하는 모든 자에게 방패시로다

살려달라는 기도 소리에 가장 먼저 응답하시는 주님,
주님의 계획은 빈틈이 없고 주님의 약속은 틀림이 없기에
오늘도 주님께 기도합니다.
역사해주시옵소서.

33 하나님은 나의 견고한 요새시며
　나를 안전한 곳으로 인도하시며
34 나의 발로 암사슴 발 같게 하시며
　나를 나의 높은 곳에 세우시며

원수보다 강하신 주님,
주님께서 저를 지켜주시고 주님께서 저를 인도하시니
제 영혼은 안전합니다.

주님께서 저의 걸음을 가볍게 하시고
주님께서 저를 높은 곳에 세워주시니
제 영혼이 주님을 찬양합니다.

48 이 하나님이 나를 위하여 보복하시고
  민족들이 내게 복종하게 하시며
49 나를 원수들에게서 이끌어내시며
  나를 대적하는 자 위에 나를 높이시고
  나를 강포한 자에게서 건지시는도다

전능하신 주님께서 저를 대신해 싸워주시며
모든 악한 계획을 드러내시고 원수를 갚아주셨습니다.
위에서는 눌러대고 아래에서는 끌어 내려도
주님께서 저를 높여주시고,
말이 통하지 않고 상식이 통하지 않는 자들 앞에서
상식을 뛰어넘어 역사하셨습니다.

위대한 일을 행하신 주님,
제 영혼이 주님을 노래하고 주님을 찬양하며
주님을 높여드립니다. 영광 받아주시옵소서.

놀라운 은혜를 베푸시는
예수님의 이름으로 기도드립니다. 아멘.

10장 열왕기

무너진 삶을
회복시켜주시옵소서

열왕기상

2장

¹ 다윗이 죽을 날이 임박하매

　그의 아들 솔로몬에게 명령하여 이르되

² 내가 이제 세상 모든 사람이 가는 길로 가게 되었노니

　너는 힘써 대장부가 되고

³ 네 하나님 여호와의 명령을 지켜 그 길로 행하여

　그 법률과 계명과 율례와 증거를

　모세의 율법에 기록된 대로 지키라

　그리하면 네가 무엇을 하든지 어디로 가든지 형통할지라

주님, 다윗이 사랑하는 아들 솔로몬에게 남겼던

마지막 유언을 기억합니다.

다윗의 인생을 붙들어 준 말씀입니다.

언제나 마음을 강하고 담대히 하겠습니다.

날마다 성령님과 동행하겠습니다.

이것이 어디에서 무엇을 하든

잘되는 길이고 잘 사는 법임을 믿습니다.

3장

5 기브온에서 밤에 여호와께서 솔로몬의 꿈에 나타나시니라
　하나님이 이르시되
　내가 네게 무엇을 줄꼬 너는 구하라

전심으로 예배하는 자들에게 말씀하시는 주님.

이 시간 마음을 다해 기도하는 자녀들에게

꿈속에라도 나타나 주시옵소서.

"내가 무엇을 하여 주기를 원하느냐 내게 구하라"

말씀하시는 주님의 음성을 들려주시옵소서.

12 내가 네 말대로 하여 네게 지혜롭고 총명한 마음을 주노니
　네 앞에도 너와 같은 자가 없었거니와
　네 뒤에도 너와 같은 자가 일어남이 없으리라

13 내가 또 네가 구하지 아니한 부귀와 영광도 네게 주노니
　　네 평생에 왕들 중에 너와 같은 자가 없을 것이라

저 같으면 더 오래 살고 싶다고
더 큰 부자가 되게 해달라고
제 원수를 갚아달라고 했을 텐데
백성을 잘 다스릴 지혜를 달라고 기도하는 솔로몬의 모습에서
지도자가 가져야 할 마음가짐을 다시 한번 보게 됩니다.

주님,
저도 저의 안위를 구하기보다
제가 섬기는 가정과 교회와 일터에서
좋은 리더가 되기 위해 기도하겠습니다.
제게 들을 귀가 있는 겸손한 마음을 주시고
하나님의 뜻을 분별할 줄 아는 지혜를 주시옵소서.

8장

28 그러나 내 하나님 여호와여
　　주의 종의 기도와 간구를 돌아보시며
　　이 종이 오늘 주 앞에서 부르짖음과 비는 기도를 들으시옵소서

주님,

저의 기도를 들으시고 부르짖음에 응답해주시옵소서.

제가 기도할 때 언제든지 나타나시고

제가 회개할 때 몇 번이고 용서해주시옵소서.

18장

37 여호와여 내게 응답하옵소서 내게 응답하옵소서

　이 백성에게 주 여호와는 하나님이신 것과

　주는 그들의 마음을 되돌이키심을 알게 하옵소서 하매

38 이에 여호와의 불이 내려서

　번제물과 나무와 돌과 흙을 태우고 또 도랑의 물을 핥은지라

주님, 믿지 않는 가족들을 위해 오늘도 기도합니다.

복음을 모른 채 살아가는 저들을 위해 기도합니다.

심장이 타들어 가는 심정으로 애타게 기도합니다.

주님, 속히 응답해주시옵소서.

주님이 참 하나님이심을 알게 하시고

예수님만이 유일한 구원자라 고백하는 믿음을 주시옵소서.

위로부터 임하는 성령의 불로 모든 헛된 우상들을 태워주시고

돌아올 기회를 주시는 주님의 사인을 보여주시옵소서.

19장

18 그러나 내가 이스라엘 가운데에 칠천 명을 남기리니
　　다 바알에게 무릎을 꿇지 아니하고
　　다 바알에게 입맞추지 아니한 자니라

주님, 시대가 악해 보이고 영적으로 어두워 보여도
주님은 바알에게 무릎 꿇지 않고 바알에게 입맞추지 않은
수많은 예배자를 남겨두셨음을 믿습니다.

주님, 제가 그 한 사람이 되기를 원합니다.
돈에 무릎 꿇지 않고 돈에 입맞추지 않게 하시고
하나님을 경외하는 순전한 예배자로 살게 해주시옵소서.

열왕기하
2장

9 엘리야가 엘리사에게 이르되
　　나를 네게서 데려감을 당하기 전에
　　내가 네게 어떻게 할지를 구하라
　　엘리사가 이르되 당신의 성령이 하시는 역사가
　　갑절이나 내게 있게 하소서 하는지라

주님, 스승보다 두 배 크게 쓰임 받고 싶다고 구한
엘리사의 담대한 고백이 제 마음을 울립니다.
주님, 제게 부모님보다 두 배는 더 크게 쓰임 받고
스승보다 두 배는 더 크게 쓰임 받는 은혜를 주시옵소서.

6장

16 대답하되 두려워하지 말라
　우리와 함께한 자가 그들과 함께한 자보다 많으니라

주님,
눈에 보이는 상황과 상관없이
저를 공격하는 원수보다 저와 함께한 자들이
훨씬 더 많다는 것을 믿습니다.
저를 둘러싸고 있는 수많은 천군 천사들을 바라보며
담대하게 나아가겠습니다.

18장

5 히스기야가 이스라엘 하나님 여호와를 의지하였는데
　그의 전후 유다 여러 왕 중에 그러한 자가 없었으니
6 곧 그가 여호와께 연합하여 그에게서 떠나지 아니하고
　여호와께서 모세에게 명령하신 계명을 지켰더라

7 여호와께서 그와 함께하시매 그가 어디로 가든지 형통하였더라

주님,
히스기야처럼 온전히 주님을 신뢰하는 믿음을 주시옵소서.
이전에도 없고 이후에도 없는 믿음의 사람이 되게 해주시옵소서.
날마다 주님 안에 거하고 주님과 동행하며
주님의 말씀을 따라 살아가는 믿음의 사람이 되게 해주시옵소서.
어디에 있든 무엇을 하든
주님께서 함께하셔서 형통하게 해주시옵소서.

삶의 자리를 회복시키시는
예수님의 이름으로 기도드립니다. 아멘.

11장 역대기

제게 주님의 능력을 부어주시옵소서

역대상

29장

11 여호와여 위대하심과 권능과 영광과 승리와 위엄이
다 주께 속하였사오니 천지에 있는 것이 다 주의 것이로소이다
여호와여 주권도 주께 속하였사오니
주는 높으사 만물의 머리이심이니이다

주님, 물고기 배 속에 세금이 있을 거라고
누가 상상이나 했겠습니까.
보리떡 다섯 개와 물고기 두 마리로 수천 명이 먹을 거라고
누가 짐작이나 했겠습니까.
주님께서 행하신 일들을 말하라 하면 밤을 새워도 모자랍니다.

주님은 생각지 못한 일을 이루셨고
꿈꾸지 못한 곳으로 인도하셨습니다.
기대하지 않았던 일을 행하셨고
감히 상상조차 하지 못했던 일을 이루셨습니다.
주님, 주님은 정말 놀라운 분이십니다.

16장

2 다윗이 번제와 화목제 드리기를 마치고
　여호와의 이름으로 백성에게 축복하고

사랑하는 주님,
예배를 마치고 백성을 축복한 다윗처럼
저희도 서로를 축복하는 예배자가 되게 해주시옵소서.
하나님을 찬양했던 입술로
서로를 정죄하지 않고
하나님을 예배했던 마음으로
서로를 비난하지 않게 해주시옵소서.
하나님을 높여드린 그 마음으로 성도들을 축복합니다.
주님, 하늘에 속한 모든 신령한 복을 내려주시옵소서.

11 여호와와 그의 능력을 구할지어다

항상 그의 얼굴을 찾을지어다

사랑하는 주님, 저는 주님이 너무 좋습니다.
늘 주님이 생각나고 언제나 주님이 보고 싶습니다.
오늘도 주님을 바라봅니다.

주님, 저는 주님이 필요합니다.
뿐만 아니라 주님의 능력도 필요합니다.
주님, 저와 함께하시고 제게 능력을 베풀어주시옵소서.

17장

8 네가 어디로 가든지 내가 너와 함께 있어
   네 모든 대적을 네 앞에서 멸하였은즉
   세상에서 존귀한 자들의 이름 같은 이름을 네게 만들어주리라

사랑하는 딸아, 사랑하는 아들아
네가 나를 얼마나 사랑하는지 내가 알아.
무엇을 하든 내게 영광을 돌리려는 너의 마음을 내가 알아.

네가 어디에 있든지 너와 항상 함께하며
너를 괴롭히는 자들조차 네게 복이 되게 했던 것을 기억하지?

이제 내가 너를 높여줄 거야.

너를 존경받는 자가 되게 할 거야.

내가 너를 그렇게 만들 거야.

29장

14 나와 내 백성이 무엇이기에

　이처럼 즐거운 마음으로 드릴 힘이 있었나이까

　모든 것이 주께로 말미암았사오니

　우리가 주의 손에서 받은 것으로 주께 드렸을 뿐이니이다

주님, 저희가 가진 모든 것은 주님께서 주신 것입니다.

주님께 드릴 수 있도록 넉넉하고 풍성하게 하시니 감사합니다.

주님께 드릴 수 있어서 얼마나 기쁜지 모릅니다.

할 수만 있다면 주님께 더 드리고 싶습니다.

역대하

7장

1 솔로몬이 기도를 마치매

　불이 하늘에서부터 내려와서 그 번제물과 제물들을 사르고

　여호와의 영광이 그 성전에 가득하니

사랑하는 주님,
솔로몬이 기도할 때 하늘에서 불이 임했던 것처럼
이 시간 기도하는 모든 심령 위에
하나님의 불을 내려주시옵소서.
하늘의 큰불을 내려주시옵소서.
저희의 마음을 불태우시고
빛나는 주님의 영광으로 저희를 덮어주시옵소서.

16장

9 여호와의 눈은 온 땅을 두루 감찰하사
　전심으로 자기에게 향하는 자들을 위하여 능력을 베푸시나니

하나님,
저희 삶의 모든 승리는 하나님의 은혜였습니다.
저희가 한 것이라고는 주님을 찾고, 주님을 구하고,
주님을 바라보는 것이 전부였습니다.

사람들은 안 된다, 못 한다, 불가능하다 할지라도
주님, 저희는 그 모든 말을 무시하고 하나님을 바라보겠습니다.
전심으로 주님을 바라보는 자들에게 능력을 베푸시는
하나님을 바라보겠습니다.

이 시간 주님의 은혜를 구하는 자에게
크신 능력을 베풀어주시옵소서.

20장

17 이 전쟁에는 너희가 싸울 것이 없나니 대열을 이루고 서서
　　너희와 함께한 여호와가 구원하는 것을 보라
　　유다와 예루살렘아 너희는 두려워하지 말며 놀라지 말고
　　내일 그들을 맞서 나가라
　　여호와가 너희와 함께하리라 하셨느니라

사랑하는 아들아, 사랑하는 딸아
인생은 네 싸움이 아니라 내 싸움이야.
네가 할 것은 아무것도 없어.
너희와 함께한 나 여호와가 어떻게 너희를 이기게 하는지
지켜보기만 하면 돼.

사랑하는 딸아, 사랑하는 아들아
걱정하지 마라.
걱정하지 마라.
걱정하지 말고 부딪쳐봐.
용기를 내고 도전해봐.

내가 너와 함께할 거야.

내가 너를 도와줄 거야.

30장

27 그때에 제사장들과 레위 사람들이 일어나서
　　백성을 위하여 축복하였으니 그 소리가 하늘에 들리고
　　그 기도가 여호와의 거룩한 처소 하늘에 이르렀더라

사랑하는 주님,

이 땅에 예배자들을 회복시키시고

기도하는 자들을 일으켜 주시옵소서.

저들의 찬양 소리가 하늘에 들리게 하시고

이 땅을 축복하는 기도 소리에 천국 문을 열어주시옵소서.

이 시간 기도하는 성도들을 축복합니다.

저들의 삶과 가정과 일터와 교회를

하나님의 풍성한 은혜로 덮어주시옵소서.

저희의 기도에 응답하시는

예수님의 이름으로 기도합니다. 아멘.

12장 느헤미야서

무너진 신앙을
회복시켜주시옵소서

1장
4 내가 이 말을 듣고 앉아서 울고 수일 동안 슬퍼하며
  하늘의 하나님 앞에 금식하며 기도하여

주님,
성벽이 무너졌다는 소식을 듣고
주저앉아 슬피 울며 며칠이고 금식하며 올려드렸던
느헤미야의 기도가
저희 가운데 회복되게 해주시옵소서.

쓰러진 교회를 바라보며 마음 아파하며
무너진 예배를 회복하기 위해 기도하고

위기 앞에 선 성도들을 가슴에 품고 금식하는
기도의 용사들이 일어나게 해주시옵소서.

11 주여 구하오니 귀를 기울이사 종의 기도와
　주의 이름을 경외하기를 기뻐하는 종들의 기도를 들으시고
　오늘 종이 형통하여 이 사람들 앞에서 은혜를 입게 하옵소서

주님,
저의 기도에 귀 기울여 주시옵소서.
함께 기도하는 성도들의 기도를 들어주시옵소서.
믿지 않는 사람들의 마음에도 은혜를 주셔서
교회의 회복을 힘껏 돕고자 하는 마음을 주시옵소서.

4장

17 성을 건축하는 자와 짐을 나르는 자는
　다 각각 한 손으로 일을 하며 한 손에는 병기를 잡았는데

주님, 예배를 회복하는 데에도 방해하는 세력이 있습니다.
그때 당황해하거나 포기하는 것이 아니라
유연한 마음으로 대처할 수 있는 지혜를 주시옵소서.

예배를 회복하는 일에 온전히 집중할 수 없는 상황일지라도
한 손엔 복음 들고 한 손엔 사랑을 들고
예배를 회복하는 일을 포기하지 않는 집념을 주시옵소서.

6장

16 우리의 모든 대적과 주위에 있는 이방 족속들이
　이를 듣고 다 두려워하여 크게 낙담하였으니
　그들이 우리 하나님께서 이 역사를 이루신 것을 앎이니라

주님,
무너진 신앙이 회복되고
기도의 제단이 회복되고
교회의 영광이 회복되게 해주시옵소서.

교회를 조롱했던 자들이 후회하도록
하나님의 이름을 농담거리 삼았던 자들이 두려워하도록
다시 한번 교회의 영광을 회복시켜 주시고
하나님의 나라가 임하게 해주시옵소서.

8장

5 에스라가 모든 백성 위에 서서 그들 목전에 책을 펴니

책을 펼 때에 모든 백성이 일어서니라
6 에스라가 위대하신 하나님 여호와를 송축하매
　　모든 백성이 손을 들고 아멘 아멘 하고 응답하고
　　몸을 굽혀 얼굴을 땅에 대고 여호와께 경배하니라

주님,
신앙의 회복은 말씀의 회복입니다.
믿음의 회복은 예배의 회복입니다.
주님을 경외하는 마음과 주의 말씀을 사모하는 마음을
주시옵소서.

찬양할 때 두 손을 높이 들고 힘껏 찬양하겠습니다.
말씀을 들을 때 노트에 적어가며 "아멘"을 외치겠습니다.
기도할 때는 가장 큰 소리로 부르짖어 기도하겠습니다.
최고의 하나님께 최선의 예배를 드리겠습니다.
주님, 영광을 받아주시옵소서.

8 하나님의 율법책을 낭독하고 그 뜻을 해석하여
　　백성에게 그 낭독하는 것을 다 깨닫게 하니
9 백성이 율법의 말씀을 듣고 다 우는지라…

주님의 말씀이 선포될 때
말씀이 은혜로 다가오게 해주시옵소서.
주님의 말씀이 내게 주신 말씀으로
믿어지고, 깨달아지고, 느껴지게 해주시옵소서.
예배의 감격과 예배의 눈물을 회복시켜 주시옵소서.

10 이 날은 우리 주의 성일이니 근심하지 말라
　여호와로 인하여 기뻐하는 것이 너희의 힘이니라

주님,
주님의 말씀이 들려오는 것처럼 기쁜 일이 어디 있습니까.
말씀에 은혜를 받을 수 있는 것이 얼마나 큰 축복입니까.
예수 믿는 것이 너무 감사하고
예수 믿는 것이 너무 즐거울 때
살아갈 맛이 나고 살아낼 힘이 납니다.
주님, 예배의 은혜를 회복시켜 주시옵소서.

9장

3 이 날에 낮 사분의 일은 그 제자리에 서서
　그들의 하나님 여호와의 율법책을 낭독하고
　낮 사분의 일은 죄를 자복하며

그들의 하나님 여호와께 경배하는데

주님, 오전 내내 주님의 말씀을 듣고
오후 내내 죄를 회개하며 주님을 경배하는 영적 부흥 집회가
교회마다 불길처럼 일어나게 해주시옵소서.

13장

14 내 하나님이여 이 일로 말미암아 나를 기억하옵소서
    내 하나님의 전과 그 모든 직무를 위하여
    내가 행한 선한 일을 도말하지 마옵소서

주님, 저를 기억해 주시옵소서.
주님의 교회를 위해 헌신했던 일들을 기억해 주시옵소서.
이른 새벽부터 성가 연습을 하고
매연을 먹어가며 주차를 안내하고
보이지 않는 식당 뒤편에서 요리하고
어린아이들에게 말씀을 가르치고
전화하고 찾아가고 나눠주고 들어줬던
지난날의 헌신을 잊지 마시고
다시 지난날의 은혜를 회복시켜 주시옵소서.

영적인 부흥이 일어나게 해주시옵소서.

믿음의 전성기가 다시 찾아오게 해주시옵소서.

이번 주에 드릴 예배가

제 생의 가장 감격스러운 예배가 되게 해주시옵소서.

30 내가 이와 같이 그들에게 이방 사람을 떠나게 하여

    그들을 깨끗하게 하고 또 제사장과 레위 사람의 반열을 세워

    각각 자기의 일을 맡게 하고

31 또 정한 기한에 나무와 처음 익은 것을 드리게 하였사오니

    내 하나님이여 나를 기억하사 복을 주옵소서

주님,

하나님을 부인하는 문화를 제거하고

경건한 생활을 회복하겠습니다.

교회가 부르신 사명을 이뤄가도록

주어진 자리에서 최선을 다하겠습니다.

교회의 필요를 채우겠습니다.

주님의 것을 주님께 드리겠습니다.

주님,

저를 기억하시고 복을 내려주시옵소서.

영적인 회복의 은혜와 믿음의 전성기가 시작되는
복을 내려주시옵소서.

무너진 예배를 다시 회복시키시는
예수님의 이름으로 기도드립니다. 아멘.

13장 시편 1-17편
말씀 안에 거하는 복을 주시옵소서

시편 1편

1 복 있는 사람은 악인들의 꾀를 따르지 아니하며

　죄인들의 길에 서지 아니하며

　오만한 자들의 자리에 앉지 아니하고

2 오직 여호와의 율법을 즐거워하여

　그의 율법을 주야로 묵상하는도다

3 그는 시냇가에 심은 나무가 철을 따라 열매를 맺으며

　그 잎사귀가 마르지 아니함 같으니

　그가 하는 모든 일이 다 형통하리로다

4 악인들은 그렇지 아니함이여 오직 바람에 나는 겨와 같도다

5 그러므로 악인들은 심판을 견디지 못하며

　죄인들이 의인들의 모임에 들지 못하리로다

6 무릇 의인들의 길은 여호와께서 인정하시나
  악인들의 길은 망하리로다

주님,
제가 주님의 말씀 안에 거하는 삶이 되길 원합니다.
날마다 하나님의 말씀에 붙들려 살기 원합니다.
주님 안에 있을 때 주님께서 풍성한 열매를 맺게 하시고
하는 모든 일마다 형통케 해주실 것을 믿습니다.

주님, 저의 소원은 하나님께 인정받는 삶을 사는 것입니다.
주님, 저를 복되게 해주시옵소서.

2편

8 내게 구하라 내가 이방 나라를 네 유업으로 주리니
  네 소유가 땅끝까지 이르리로다

크신 하나님, 하나님은 구하는 자에게
집 한 채 주는 것 정도가 아니라 나라를 주시는 분이시고,
땅 몇 평 가지고 자랑하는 삶 정도가 아니라
한눈에 볼 수 없을 정도의 넓은 땅을
우리의 소유가 되게 하시는 분이심을 고백합니다.

주님, 이제부터 기도할 때 하나님을 제한하지 않겠습니다.
믿음으로 구하겠습니다.

3편

6 천만인이 나를 에워싸 진 친다 하여도
   나는 두려워하지 아니하리이다

주님, 저는 한 사람만 나를 싫어하고 공격해도
밤잠을 이루지 못하는 사람이지만,
천만 명이 나를 공격해도 의연할 수 있는 담대함을 주시옵소서.

누구인지도 모르는 사람들을 두려워하는 삶이 아니라,
저와 함께하시는 하나님으로 인해
두려움을 모르는 삶이 되게 해주시옵소서.

4편

7 주께서 내 마음에 두신 기쁨은
   그들의 곡식과 새 포도주가 풍성할 때보다 더하니이다
8 내가 평안히 눕고 자기도 하리니
   나를 안전히 살게 하시는 이는 오직 여호와이시니이다

주님, 주님께서 제게 주신 기쁨은
월급이 올라가고 사업이 번성하는 기쁨과는
비교조차 할 수 없는 큰 기쁨입니다.

아무리 상황이 힘들어도 주님, 저는 평안합니다.
잠도 잘 자고, 밥도 잘 먹습니다.
아무리 상황이 어려워도
주님과 함께하는 이 시간이 가장 안전한 때이고
주님과 함께하는 이 곳이 가장 안전한 곳임을 믿기 때문입니다.

5편

3 여호와여 아침에 주께서 나의 소리를 들으시리니
　아침에 내가 주께 기도하고 바라리이다

주님, 모두 잠든 이 새벽에 주님은 저보다 먼저 깨어나셔서
저의 작은 신음 같은 기도 소리를 들어주시니 감사합니다.
이 시간 주님의 얼굴을 구합니다.
저의 마음을 만져주시옵소서.

12 여호와여 주는 의인에게 복을 주시고
　방패로 함같이 은혜로 그를 호위하시리이다

주님, 주님의 십자가 사랑이 저를 의롭게 했음을 믿습니다.
주 안에 있는 제게 오늘도 큰 복을 내려주시니 감사합니다.
주님께서 저를 지켜주시고 보호하시니
어떤 원수의 공격도 모두 실패로 돌아가게 될 것입니다.
주님의 호위를 받으며 오늘도 당당히 걸어가겠습니다.

6편

9 여호와께서 내 간구를 들으셨음이여
　여호와께서 내 기도를 받으시리로다

사람들이 무시하는 기도제목조차도
사람들이 속되다 하는 기도까지도
주님은 언제나 귀하게 여겨주시고 응답해주시니
주님, 감사합니다.
오늘 주님께서 응답하시고
오늘 주님께서 기적을 베푸실 것을
주님, 제가 믿음으로 고백합니다.

9편

10 여호와여 주의 이름을 아는 자는 주를 의지하오리니
　이는 주를 찾는 자들을 버리지 아니하심이니이다

주님, 오늘도 주님을 찾아왔습니다.

저를 아시고, 저를 버리지 않으시는 주님께 나아왔습니다.

제가 의지할 분은 오직 주님밖에 없습니다.

주님, 제가 주님을 의지합니다.

도와주세요, 주님.

14편

1 어리석은 자는 그의 마음에 이르기를 하나님이 없다 하는도다
　그들은 부패하고 그 행실이 가증하니 선을 행하는 자가 없도다

하나님, 하나님이 없다 하는 어리석은 자들의 말에

저의 믿음이 흔들리지 않게 하시고,

그들의 화려한 말이 아니라

그들의 부패하고 가증스런 삶을 보고

판단할 수 있는 지혜를 주시옵소서.

사람들이 다 하나님이 없다고 부인하고

사람들이 무식하다 손가락질해도

주님, 저는 압니다.

주님은 오늘도 살아계시고,

저를 사랑하시는 하나님이십니다.

16편

1 하나님이여 나를 지켜주소서 내가 주께 피하나이다
2 내가 여호와께 아뢰되 주는 나의 주님이시오니
　주밖에는 나의 복이 없다 하였나이다

주님, 주님 같은 분이 없습니다.
제 삶의 가장 큰 축복은 주님이십니다.
오늘도 주님께 나아갑니다.
피난처 되신 주님을 의지합니다.
주님, 저를 지켜주시고 은혜를 내려주시옵소서.

8 내가 여호와를 항상 내 앞에 모심이여
　그가 나의 오른쪽에 계시므로
　내가 흔들리지 아니하리로다

주님, 제 삶의 중심은 예수님이십니다.
예수님보다 앞서가지 않겠습니다.
흔들리지 않고 주님의 뒤를 따라가겠습니다.
오늘도 곁에 계신 주님의 손 붙들고 걸어가겠습니다.

17편

8 나를 눈동자같이 지키시고 주의 날개 그늘 아래에 감추사
9 내 앞에서 나를 압제하는 악인들과
　나의 목숨을 노리는 원수들에게서 벗어나게 하소서

나를 공격하는 수많은 원수들과
나를 무너뜨리려 하는 사단의 공격이 있어도
눈동자같이 저를 지켜주시고 크신 날개 그늘 아래 감춰주시니
주님, 저의 영혼은 평안합니다.

주님, 사랑합니다.
주님, 감사합니다.
주님, 찬양합니다.

이 모든 말씀
예수님의 이름으로 기도드립니다. 아멘.

14장   시편 18-27편

고난을 이겨낼 능력을 주시옵소서

18편

1 나의 힘이신 여호와여 내가 주를 사랑하나이다
2 여호와는 나의 반석이시요 나의 요새시요
  나를 건지시는 이시요 나의 하나님이시요
  내가 그 안에 피할 나의 바위시요 나의 방패시요
  나의 구원의 뿔이시요 나의 산성이시로다

저를 강하게 하시는 주님,
저를 지켜주시고 보호해주시는 주님.
저를 높여주시고, 제게 승리를 주시고
흔들리지 않는 삶을 살게 하시는 주님,
제가 주님을 사랑합니다.

6 내가 환난 중에서 여호와께 아뢰며
　나의 하나님께 부르짖었더니
　그가 그의 성전에서 내 소리를 들으심이여
　그의 앞에서 나의 부르짖음이 그의 귀에 들렸도다

주님, 제가 환난 중에 주님께 나아갑니다.
주님께서 저의 기도 소리에 귀를 기울이시고
저의 부르짖음에 응답해주실 것을 믿기 때문입니다.
저의 기도를 들으시는 주님, 감사합니다.

20편

7 어떤 사람은 병거, 어떤 사람은 말을 의지하나
　우리는 여호와 우리 하나님의 이름을 자랑하리로다

주님,
어떤 사람은 자신의 힘을 의지하고
어떤 사람은 자신의 지혜를 의지하지만,
주님, 저는 주님을 의지하고
주님의 이름을 자랑하며 살아가겠습니다.

23편

1 여호와는 나의 목자시니 내게 부족함이 없으리로다
2 그가 나를 푸른 풀밭에 누이시며 쉴 만한 물가로 인도하시는도다
3 내 영혼을 소생시키시고
  자기 이름을 위하여 의의 길로 인도하시는도다
4 내가 사망의 음침한 골짜기로 다닐지라도
  해를 두려워하지 않을 것은 주께서 나와 함께하심이라
  주의 지팡이와 막대기가 나를 안위하시나이다
5 주께서 내 원수의 목전에서 내게 상을 차려주시고
  기름을 내 머리에 부으셨으니 내 잔이 넘치나이다
6 내 평생에 선하심과 인자하심이 반드시 나를 따르리니
  내가 여호와의 집에 영원히 살리로다

나의 목자되신 주님.
주님께서 저의 목자이시기에 저는 부족함이 없습니다.
부러울 것이 없습니다.

언제나 제게 쉼과 안식을 베풀어주시고
지친 영혼을 회복시켜 주시니 감사합니다.
저를 주님의 얼굴로 생각해주시고
제 삶을 영광스럽게 하시니 감사합니다.

주님, 주님께서 저와 함께하시기에
저는 사는 것이 두렵지 않습니다.
내일이 두렵지 않습니다. 고난도 두렵지 않습니다.
주님께서 저를 대신해 싸워주실 것을 알기에
그 어떤 사람도 두렵지 않습니다.

수많은 원수가 제 삶을 무너뜨리려 해도
주님, 저는 신경 쓰지 않습니다.
네가 뭘 할 수 있냐고, 너는 안 된다고
아무리 사람들이 뭐라 해도 주님, 저는 괜찮습니다.

주님께서 저를 선택해 불러주셨고
주님께서 저를 이곳에 세워주셨음을 알기에
주님, 저는 자신 있습니다.
주님께서 저와 함께하시기에 저는 할 수 있습니다.

무슨 일을 하든 주님께서 좋게 하실 것이고
저의 실수조차도 주님께서 선하게 바꿔주실 것을 알기에
주님, 저는 그저 주님만 따라갈 것입니다.
주님과 함께 가는 이 길이 저는 참 행복합니다.

27편

1 여호와는 나의 빛이요 나의 구원이시니
  내가 누구를 두려워하리요
  여호와는 내 생명의 능력이시니 내가 누구를 무서워하리요
2 악인들이 내 살을 먹으려고 내게로 왔으나
  나의 대적들, 나의 원수들인 그들은 실족하여 넘어졌도다
3 군대가 나를 대적하여 진 칠지라도 내 마음이 두렵지 아니하며
  전쟁이 일어나 나를 치려 할지라도 나는 여전히 태연하리로다
4 내가 여호와께 바라는 한 가지 일 그것을 구하리니
  곧 내가 내 평생에 여호와의 집에 살면서
  여호와의 아름다움을 바라보며 그의 성전에서 사모하는 그것이라
5 여호와께서 환난 날에 나를 그의 초막 속에 비밀히 지키시고
  그의 장막 은밀한 곳에 나를 숨기시며 높은 바위 위에 두시리로다
6 이제 내 머리가 나를 둘러싼 내 원수 위에 들리리니
  내가 그의 장막에서 즐거운 제사를 드리겠고
  노래하며 여호와를 찬송하리로다
7 여호와여 내가 소리 내어 부르짖을 때에 들으시고
  또한 나를 긍휼히 여기사 응답하소서
8 너희는 내 얼굴을 찾으라 하실 때에 내가 마음으로 주께 말하되
  여호와여 내가 주의 얼굴을 찾으리이다 하였나이다
9 주의 얼굴을 내게서 숨기지 마시고

주의 종을 노하여 버리지 마소서

주는 나의 도움이 되셨나이다

나의 구원의 하나님이시여 나를 버리지 마시고 떠나지 마소서

10 내 부모는 나를 버렸으나 여호와는 나를 영접하시리이다

11 여호와여 주의 도를 내게 가르치시고

내 원수를 생각하셔서 평탄한 길로 나를 인도하소서

12 내 생명을 내 대적에게 맡기지 마소서

위증자와 악을 토하는 자가 일어나 나를 치려 함이니이다

13 내가 산 자들의 땅에서 여호와의 선하심을 보게 될 줄

확실히 믿었도다

14 너는 여호와를 기다릴지어다

강하고 담대하며 여호와를 기다릴지어다

주님, 주님께서 제 앞길을 비춰주시고,

주님께서 저를 건져주시고 저를 살리실 것을 알기에

제가 두려울 것이 없습니다. 무서울 것이 없습니다.

주님께서 저를 강하게 만들어 가시기에

주님, 제가 당당히 나아가겠습니다.

주님, 저를 대적하는 원수들이 저를 넘어뜨리려 하지만

오히려 그들이 넘어지게 될 것입니다.

원수가 저를 대적해도 저는 두렵지 않습니다.
다 끝장난 것 같아 보이는 상황일지라도
주님, 제 마음에는 여유가 넘칩니다.
주님께서 제 편이신 것을 알기 때문입니다.

주님, 제가 구해야 할 기도 제목이 한두 가지가 아니지만
제가 구하는 한 가지는
제가 사는 날 동안 주님의 집에 살면서
주님의 아름다움을 바라보며
날마다 주님의 임재를 사모하는 것입니다.

주님께서 고통 가운데 있는 저를
주님의 집으로 초대해주시고 은밀하게 저를 만나주시고
모든 고난을 이겨내도록 저를 강하게 하시니 감사합니다.

주님께서 수치스러운 저의 모든 기억을 지워주시고
저를 모든 사람보다 높이 세워주셔서
저를 이기게 하신 하나님으로 말미암아
날마다 감사하며 날마다 기뻐하며
끊임없이 찬양하게 하실 것을 믿습니다.

세상 모든 사람이 내게 등을 돌려도

주님은 언제나 제 편이 되어주시고

제 앞에 있는 모든 장애물을 넘어서게 하시고

저를 강하고 담대하게 하실 것을

주님, 제가 확신합니다.

오늘도 이 믿음으로 살아가겠습니다.

주님 감사합니다.

주님 사랑합니다.

주님 찬양합니다.

예수님의 이름으로 기도드립니다. 아멘.

15장 시편 28-37편

흔들리지 않는
기쁨을 주시옵소서

시편 3

28편

7 여호와는 나의 힘과 나의 방패이시니
  내 마음이 그를 의지하여 도움을 얻었도다
  그러므로 내 마음이 크게 기뻐하며
  내 노래로 그를 찬송하리로다

온 우주 만물을 창조하신 전능하신 하나님께서
제게 힘을 주시고 저를 지켜주시니
제 마음에 기쁨이 흘러넘치고 제 입술에 찬양이 가득합니다.
주님, 오늘도 주님을 의지합니다.
주님의 도우심을 신뢰합니다.

9 주의 백성을 구원하시며 주의 산업에 복을 주시고
　또 그들의 목자가 되시어 영원토록 그들을 인도하소서

주님, 죄인 된 저를 구원해주시고
아무것도 아닌 저를 주님의 소유로 삼아주시니 감사합니다.
주님, 제 삶은 주님이 없이는 해석되지 않습니다.
주님께서 베풀어주신 놀라운 축복들이 제 삶에 가득합니다.
지금까지 저를 인도하신 주님께서
저의 모든 날 모든 순간을
최선의 길로 인도해 가실 것을 믿습니다.

29편

11 여호와께서 자기 백성에게 힘을 주심이여
　여호와께서 자기 백성에게 평강의 복을 주시리로다

전능하신 주님께서 제 안에 계셔서
하나님의 지혜와 하나님의 능력과
하나님의 사랑을 부어주시니 감사합니다.

크신 주님께서 제 안에 계시기에
주님, 제가 담대해집니다.

할 수 있다는 자신감이 생기고,

하면 되겠다는 용기가 솟아납니다.

마음에 여유가 있고, 넉넉하고, 평안합니다.

주님, 제게 복을 주셔서 감사합니다.

31편

15 나의 앞날이 주의 손에 있사오니

　내 원수들과 나를 핍박하는 자들의 손에서 나를 건져주소서

16 주의 얼굴을 주의 종에게 비추시고

　주의 사랑하심으로 나를 구원하소서

주님,

저의 앞날이 사람의 손에 달린 것처럼 보여도

제 삶은 주님의 손에 달려 있음을 알기에

오늘도 사람을 찾아다니는 것이 아니라 주님께 나아갑니다.

주님, 오늘도 주의 얼굴을 제게 보이시고

사랑스런 눈으로 저를 바라보시고

주님의 넓은 품에 저를 안아주시옵소서.

주님의 품에 있는 저를 누구도 어찌할 수 없음을 믿습니다.

그러기에 주님,

제가 사람의 눈치를 보며 살지 않겠습니다.

오직 하나님만 경외하며 살아가겠습니다.

33편

1 너희 의인들아 여호와를 즐거워하라
　찬송은 정직한 자들이 마땅히 할 바로다
2 수금으로 여호와께 감사하고 열 줄 비파로 찬송할지어다
3 새 노래로 그를 노래하며 즐거운 소리로 아름답게 연주할지어다

주님, 오늘도 저를 구원하신 주님으로 인해

제 마음에 기쁨이 가득합니다.

주님을 찬양하고 싶은 마음이 간절합니다.

감사해야 할 이유가 한두 가지가 아닙니다.

날마다 새로운 감사거리를 주시고

때마다 새로운 간증거리를 주시니

주님, 그저 행복하고 즐겁습니다.

주님, 저의 찬양을 받아주시옵소서.

주님은 찬양을 받기에 합당하신 분이십니다.

12 여호와를 자기 하나님으로 삼은 나라
　곧 하나님의 기업으로 선택된 백성은 복이 있도다

주님, 저는 복 받은 사람입니다.
창조주 하나님께서 저의 하나님이시니
이보다 더 큰 복이 어디 있습니까.
창조주 하나님께서 제 삶을 경영해주시니
이 얼마나 큰 복입니까.
주님, 저는 정말 큰 복을 받은 사람입니다.
주님, 제게 복을 주셔서 감사합니다.

34편
4 내가 여호와께 간구하매 내게 응답하시고
　내 모든 두려움에서 나를 건지셨도다

주님은 언제나 저의 기도 소리에 귀 기울이시고
제 말에 민감하게 반응해주시니 감사합니다.
때로는 그저 생각만 했을 뿐인데도
주님께서 제 생각까지도 다 아시고 은혜를 베푸시니
주님, 그저 감사, 감사뿐입니다.
주님의 은혜가 오늘도 제 안에 가득하기에

저의 영혼이 평안합니다.

6 이 곤고한 자가 부르짖으매 여호와께서 들으시고
　그의 모든 환난에서 구원하셨도다
7 여호와의 천사가 주를 경외하는 자를 둘러 진 치고
　그들을 건지시는도다
8 너희는 여호와의 선하심을 맛보아 알지어다
　그에게 피하는 자는 복이 있도다
9 너희 성도들아 여호와를 경외하라
　그를 경외하는 자에게는 부족함이 없도다
10 젊은 사자는 궁핍하여 주릴지라도
　여호와를 찾는 자는 모든 좋은 것에 부족함이 없으리로다

하나님, 제 힘으로 어찌할 수 없는 인생의 어려운 문제 앞에서
도움을 요청할 분이 계시고 의지할 분이 계시다는 것이
얼마나 감사한지요.

그저 주님께 엎드리고 주님께 기도하면
주님께서 저의 기도를 들어주시고 응답해주시니
이보다 더 큰 복이 어디 있습니까.
주님, 감사합니다.

하나님께서 보내신 하늘의 천군 천사들이 저를 둘러싸고 있고
하나님의 천사가 저를 위해 최선을 다하고 있기에
저는 오늘도 주님의 선하심을 맛보며 살아갑니다.

모든 사람이 힘들다고 하고 어렵다고 해도
주님, 저는 부족함을 모르고 살아갑니다.
오늘도 좋은 일이 생기게 하시고
오늘도 저를 더 좋게 하시고
모든 좋은 것으로 풍성하게 채워주시는 주님,
오늘도 주님만 바라봅니다.

37편

4 또 여호와를 기뻐하라
  그가 네 마음의 소원을 네게 이루어주시리로다
5 네 길을 여호와께 맡기라 그를 의지하면 그가 이루시고
6 네 의를 빛같이 나타내시며 네 공의를 정오의 빛같이 하시리로다

언제나 제 마음의 소원을 다 아시고
제 마음의 소원을 다 이루어주시니
주님, 주님 같은 분이 없습니다.
주님만 생각하면 제 마음에 기쁨이 흘러넘칩니다.

주님만 생각하면 너무 행복합니다.

아버지, 오늘도 저의 하룻길을 의탁합니다.
오늘도 아버지를 의지합니다.
아버지께서 모든 일을 이루시고
저를 높은 곳에 세우시고 영광스럽게 하실 것을 믿습니다.
주님, 주님만 생각하면 너무 즐겁습니다.
주님만 생각하면 너무 행복합니다.

23 여호와께서 사람의 걸음을 정하시고 그의 길을 기뻐하시나니
24 그는 넘어지나 아주 엎드러지지 아니함은
    여호와께서 그의 손으로 붙드심이로다

하나님, 하나님의 전적인 은혜가 아니고는
제가 어떻게 구원을 받을 수 있겠습니까.
아무런 사랑받을 이유가 없는 저를
어떠한 조건 없이 사랑해주시니 그저 감사할 뿐입니다.

저의 느린 걸음에 답답해하지 않으시고
항상 저의 걸음에 속도를 맞춰주시고
제가 가는 길을 누구보다 기뻐해주시고

응원해주시니 주님, 감사합니다.

제가 상황에 걸려 넘어지고 사람에 걸려 시험들 때마다
언제나 저의 손을 붙잡고 일으켜주시기에
주님, 제가 넘어질지언정 포기하지 않겠습니다.

오늘도 제 손을 꼭 잡고
함께 걸어가시는 주님이 계시기에
주님, 저는 복 받은 사람입니다.
주님이 계셔서 참 행복합니다.

주님 감사합니다.
주님 사랑합니다.
주님 찬양합니다.

우리의 노래가 되시는
예수님의 이름으로 기도드립니다. 아멘.

16장 시편 40-50편

잊을 수 없는 주님의 사랑을 부어주시옵소서

40편

¹ 내가 여호와를 기다리고 기다렸더니
  귀를 기울이사 나의 부르짖음을 들으셨도다
² 나를 기가 막힐 웅덩이와 수렁에서 끌어올리시고
  내 발을 반석 위에 두사 내 걸음을 견고하게 하셨도다

주님, 오늘도 기도하고 기다리겠습니다.
언제나 주님께서 저의 기도를 들으시고
놀랍게 응답해주셨기 때문입니다.

기가 막힐 웅덩이에서 저를 건져 올려주신
주님을 기억합니다.

진흙탕에 나뒹굴던 저를 깨끗하게 씻어주셨던
주님을 기억합니다.
불안해하는 저를 들어 흔들리지 않는 바위 위에 앉히시고
저의 인생을 견고하게 하신 주님을 기억합니다.

주님, 제가 어찌 주님의 사랑을 잊을 수 있겠습니까.
어찌 주님의 은혜를 잊을 수 있겠습니까.
제 영혼의 모든 소원을 만족케 하신 주님을
어찌 잊을 수 있겠습니까.

주님, 저는 오늘도 주님을 바라고,
오늘도 주님께 기도하고,
오늘도 주님을 기다릴 것입니다.

5 여호와 나의 하나님이여
   주께서 행하신 기적이 많고 우리를 향하신 주의 생각도 많아
   누구도 주와 견줄 수가 없나이다
   내가 널리 알려 말하고자 하나 너무 많아 그 수를 셀 수도 없나이다

하나님께서 저를 위해 행하신 놀라운 일들이 얼마나 많은지
그 수를 헤아릴 수가 없습니다.

주님께서 저를 얼마나 생각해주시는지
사람들이 다 부러워합니다.

하늘을 두루마리 삼고 바다를 먹물 삼아도
하나님의 크신 사랑을 다 기록할 수 없습니다.
주님께서 베풀어주신 그 은혜를 표현하기에는
제가 아는 단어가 너무 부족합니다.
저의 부족한 말로는
하나님께서 베푸신 은혜를 표현할 길이 없습니다.

주님, 그저 감사하고, 또 감사합니다.
날마다 기적이고, 날마다 은혜입니다.

42편

1 하나님이여 사슴이 시냇물을 찾기에 갈급함같이
　내 영혼이 주를 찾기에 갈급하니이다

사랑하는 주님,
오늘도 목마른 사슴이 시냇물을 찾아 헤매듯이
저의 영혼이 주님을 목말라합니다.
저의 영혼이 주님을 갈급해합니다.

주님을 사모하는 이 마음은
아무리 시간이 흘러도 줄어들지 않습니다.
제 머릿속이 온통 주님으로 가득 차 있습니다.
주님, 오셔서 저의 갈증을 채워주시옵소서.
주님으로 잔이 넘쳐나게 해주시옵소서.

5 내 영혼아
 네가 어찌하여 낙심하며 어찌하여 내 속에서 불안해하는가
 너는 하나님께 소망을 두라
 그가 나타나 도우심으로 말미암아 내가 여전히 찬송하리로다

하나님, 이 시간 불안해하는 저의 영혼을 향해 선포합니다.
"나의 영혼아!
어찌하여 낙심하며 어찌하여 불안해하느냐.
너는 하나님께 소망을 두라.

너를 도우시는 하나님,
네게 은혜를 베푸시는 하나님,
너의 기도에 귀 기울이시는 하나님을 의지하고
하나님을 바라보고 하나님을 찬양하라."

46편

1 하나님은 우리의 피난처시요 힘이시니
  환난 중에 만날 큰 도움이시라

저의 피난처 되신 주님, 제가 주님을 의지합니다.
저의 힘이 되신 주님, 제가 주님만 의지합니다.

주님은 제가 겪는 어떤 고난보다 더 크신 분이십니다.
아무리 힘들어도 의지할 분이 계시고 피할 분이 계셔서
얼마나 다행이고 감사한지요.

10 이르시기를 너희는 가만히 있어 내가 하나님 됨을 알지어다
   내가 뭇 나라 중에서 높임을 받으리라
   내가 세계 중에서 높임을 받으리라 하시도다

크신 하나님,
그동안 제힘으로 뭔가 열심을 내봤지만,
오히려 일을 그르칠 때가 많았습니다.
오히려 하나님께서 어떻게 일하시는지 가만히 지켜볼 때
주님께서 더 놀랍게 일하셨습니다.

하나님은 도움이 필요 없는 분이십니다.
그러기에 크신 하나님 앞에서
저의 연약함은 전혀 문제가 되지 않습니다.
오히려 저의 연약함이
하나님의 크심을 드러내기에 더 좋은 도구임을 고백합니다.

주님,
이 시간 저를 내려놓고
저희를 위해 일하시며 스스로 높임을 받으시는
크신 하나님을 바라봅니다.

하나님께서 왜 하나님이신지
오늘도 주님의 일하심을 바라보며
경험하는 하루가 되게 해주시옵소서.
"그래서 하나님이시구나. 역시 하나님이시구나"
이렇게 고백하는 하루가 되게 해주시옵소서.

50편

15 환난 날에 나를 부르라
    내가 너를 건지리니 네가 나를 영화롭게 하리로다

하나님, 고난의 자리에서 주님을 부릅니다.
저의 고난을 통해 하나님의 크심이 드러나게 하시고
저의 부족함을 통해 하나님의 완전하심이 드러나게 하시고
저의 약함을 통해 강하신 하나님이 드러나게 해주시옵소서.
작은 저를 통해 크신 주님의 영광을 나타내주시옵소서.

23 감사로 제사를 드리는 자가 나를 영화롭게 하나니
  그의 행위를 옳게 하는 자에게 내가 하나님의 구원을 보이리라

하나님,
하나님께 영광을 돌리는 삶을 살고 싶습니다.
하나님을 영화롭게 하는 삶이 되고 싶습니다.

날마다 주님을 향해 감사를 고백하는 삶이 되게 하시고
주님께서 베푸시는 놀라운 구원의 은혜를
찬양하는 삶이 되게 해주시옵소서.

모든 죄의 권세를 깨뜨리시고
어둠의 결박을 풀어내시고
거룩한 보혈로 정결케 하신 하나님.

영광 중에 빛나는 주님의 얼굴을 제가 흠모합니다.

주님의 높고 위대하심을 제 영혼이 찬양합니다.

하나님, 오늘도 하나님의 은혜가 저를 안으시고

주님의 사랑이 제 영혼을 가득 채우고

주님의 자비로운 손길이 제 온몸을 감싸고 있습니다.

신비로운 주님의 임재가 이곳에 가득합니다.

하늘보다도 더 높으신 주님의 사랑

측량할 길 없는 주님의 사랑을

마음과 뜻과 힘을 다해 찬양합니다.

놀라운 일을 행하신 주님

새 일을 행하실 주님

감사합니다.

영화로우신 이름,

예수님의 이름으로 기도드립니다. 아멘.

17장 시편 51-68편

변함없는 주님께
돌아가게 해주시옵소서

51편

¹ 하나님이여 주의 인자를 따라 내게 은혜를 베푸시며
  주의 많은 긍휼을 따라 내 죄악을 지워주소서
² 나의 죄악을 말갛게 씻으시며 나의 죄를 깨끗이 제하소서

은혜로우시고 자비로우시며 노하기를 더디 하시는 주님,
저는 하나님의 은혜가 없이는
단 한 순간도 살 수 없는 죄인입니다.
주님의 십자가 은혜로
저의 모든 더러운 죄를 깨끗이 씻어주시옵소서.

생명을 내어주신 주님의 사랑이 저를 살렸습니다.

저의 노력이 아닌, 주님의 사랑이 그렇게 하셨습니다.
주님, 감사합니다.

6 보소서 주께서는 중심이 진실함을 원하시오니
　내게 지혜를 은밀히 가르치시리이다
7 우슬초로 나를 정결하게 하소서 내가 정하리이다
　나의 죄를 씻어주소서 내가 눈보다 희리이다

마음이 깨끗한 자를 기뻐하시는 주님,
제게 순전한 마음을 주시옵소서.
주님의 은혜만이 저를 진실하게 하고
주님의 보혈만이 저를 깨끗하게 하심을 믿습니다.
오늘도 주의 보혈로 덮으사 흰 눈보다 더 희게 해주시옵소서.

주님, 제가 선택해야 하는 모든 순간마다
주님께 겸손히 귀 기울이겠습니다.
주님, 오늘도 말씀하여 주시옵소서.

10 하나님이여 내 속에 정한 마음을 창조하시고
　내 안에 정직한 영을 새롭게 하소서

하나님이여,
죄에 찌든 저의 마음과 영혼을 주님께 드립니다.
죄의 생각을 버리게 해주시옵소서.
죄된 마음을 버리게 해주시옵소서.
죄된 말을 버리게 해주시옵소서.

하나님의 손으로 저를 다시 빚으시고
제 마음과 영혼을 예수님의 마음과 예수님의 영으로
가득 채워주시옵소서.

11 나를 주 앞에서 쫓아내지 마시며
　　주의 성령을 내게서 거두지 마소서
12 주의 구원의 즐거움을 내게 회복시켜 주시고
　　자원하는 심령을 주사 나를 붙드소서

하나님,
하나님은 저를 버리지 않으심을 믿습니다.
하나님은 저를 멀리하지 않으심을 믿습니다.
주님, 제게 다시 성령을 부어주시고
구원의 감격과 기쁨을 회복시켜 주시옵소서.

식어진 가슴에 다시 하나님을 향한 열정을 되살려 주시옵소서.
매너리즘에 빠진 제 삶에 다시 생기를 불어넣어 주시옵소서.
믿음으로 소망의 주님을 붙들게 해주시옵소서.

17 하나님께서 구하시는 제사는 상한 심령이라
　 하나님이여 상하고 통회하는 마음을
　 주께서 멸시하지 아니하시리이다

하나님께서 원하시는 사람은 완벽한 사람이 아니라
자신의 연약함을 인정하는 사람임을 믿습니다.
하나님, 저는 너무 연약합니다.
저는 실수투성이고, 죄악투성입니다.
그러나 제가 연약하기에 오히려 저를 더 귀하게 여겨주시고
제가 부족하기에 저의 기도를 더 주목해 들어주심을 믿습니다.

주님, 제가 자랑할 것은 주님밖에 없습니다.
주님이 저의 자랑입니다.
주님, 감사합니다.

55편

22 네 짐을 여호와께 맡기라 그가 너를 붙드시고

의인의 요동함을 영원히 허락하지 아니하시리로다

저의 모든 시험과 무거운 짐을 주 예수께 맡깁니다.
주님, 저의 모든 무거운 짐을 맡아주시옵소서.
하나님은 사랑하는 당신의 자녀들이 흔들리는 것을
결코 그냥 두고 보실 수 없는 분이심을 압니다.

주님의 허락이 없이는 날아가는 참새 한 마리도
그냥 땅에 떨어질 수 없습니다.
제가 무너지는 것을 결코 허락하지 않으시는 주님이 계시기에
주님, 저는 결코 쓰러지지 않을 것입니다.

저를 흔들어대는 수많은 원수들을 주님께서 대신 싸워주시고
저의 모든 원한을 주님께서 대신 풀어주시옵소서.

56편

8 나의 유리함을 주께서 계수하셨사오니
　나의 눈물을 주의 병에 담으소서
　이것이 주의 책에 기록되지 아니하였나이까

수없이 많은 밤을 뜬눈으로 지새워야 했던 그 날들을

주님께서 다 아시고
남몰래 흘려야 했던 눈물까지도 주님께서 다 아시기에
주님, 오늘도 주님 앞에 섭니다.

나를 힘들게 했던 사람들,
나를 괴롭게 했던 그 모든 사람의 이름을
주님께서 다 기록해 놓으신 줄 믿습니다.
주님께 모든 것을 맡깁니다.
주님, 알아서 해결해주시옵소서.

62편

1 나의 영혼이 잠잠히 하나님만 바람이여
   나의 구원이 그에게서 나오는도다
2 오직 그만이 나의 반석이시요 나의 구원이시요
   나의 요새이시니 내가 크게 흔들리지 아니하리로다

사랑하는 주님,
저의 영혼이 고요하게 하나님을 묵상합니다.
저를 깊은 수렁에서 건져 올려주신 하나님
저를 흔들리지 않는 바위 위에 세워주신 하나님
저를 위해 난공불락의 요새를 지으신 하나님

오늘도 저를 위해 최선을 다해 일하시는 주님이 계시기에
제가 흔들리지 않고 믿음의 길을 걸어갈 수 있습니다.
주님, 결코 돌아서지 않겠습니다.
도와주시옵소서.

67편

1 하나님은 우리에게 은혜를 베푸사 복을 주시고
  그의 얼굴빛을 우리에게 비추사 (셀라)
2 주의 도를 땅 위에, 주의 구원을 모든 나라에게 알리소서

하나님,
하나님을 아는 것이 저에게 가장 큰 복입니다.
하나님의 얼굴을 바라볼 수 있다는 것이 얼마나 큰 은혜인지요.
십자가의 은혜가 아니었다면
어찌 제가 하나님 앞에 설 수 있겠습니까.

모든 영혼이 주님을 예배하는 그 날을 꿈꾸며
십자가의 이 놀라운 복음을 모든 땅, 모든 나라에 전하겠습니다.

7 하나님이 우리에게 복을 주시리니
  땅의 모든 끝이 하나님을 경외하리로다

하나님, 오늘도 큰 복을 내려주시옵소서.
하나님의 놀라운 복을 주시옵소서.
주님께 받은 복을 기억하며
온 세상을 다니며 주님을 높여드리겠습니다.

68편

19 날마다 우리 짐을 지시는 주
　곧 우리의 구원이신 하나님을 찬송할지로다(셀라)

선하신 주님,
오늘도 저의 모든 무거운 짐을 주님께 의탁합니다.
제 마음을 근심하게 하고 걱정하게 하는
모든 무거운 짐을 주님께 맡깁니다.
저를 두렵게 하고 불안하게 하는
모든 무거운 짐을 주님께 맡깁니다.

제 가슴을 조여오고 제 뼈를 마르게 하는
모든 문제를 주님께 맡깁니다.
주님, 받아주시옵소서.

주님, 세상에 어떤 신이 이렇게 저희를 사랑할 수 있겠습니까.

주님밖에 없습니다.
저희의 모든 무거운 짐을 대신 짊어지신 분은
주님밖에 없습니다.

주님, 오늘도 감사합니다.
오늘도 주님만 찬양합니다.
주님, 영광을 받아주시옵소서.

저의 구원자 되시는
예수님의 이름으로 기도드립니다. 아멘.

18장 시편 73-86편

주님으로 저를
가득 채워주시옵소서

73편

25 하늘에서는 주 외에 누가 내게 있으리요
  땅에서는 주밖에 내가 사모할 이 없나이다
26 내 육체와 마음은 쇠약하나
  하나님은 내 마음의 반석이시요 영원한 분깃이시라

하늘의 그 어떤 신령한 축복도 하나님과 비길 수 없고
이 땅의 그 어떤 풍요로운 축복도 하나님과 바꿀 수 없습니다.
주님만이 저의 처음 사랑이고
주님만이 저의 마지막 사랑입니다.

아무리 세월이 흐르고 아무리 세상이 바뀌어도

저는 주님만을 사랑하고 주님만을 의지할 것입니다.
주님이면 충분합니다. 주님이 저의 모든 것입니다.
주님, 사랑합니다.

28 하나님께 가까이함이 내게 복이라
　　내가 주 여호와를 나의 피난처로 삼아
　　주의 모든 행적을 전파하리이다

주님,
제게 가장 행복한 시간이 언제냐고 물어보시면
사랑하는 주님과 함께하는 이 시간이
제겐 가장 행복한 시간입니다.

주님과 나누는 대화가 너무나 달콤하고
주님과 함께 바라보는 이 세상이 눈이 부시게 아름답습니다.

주님, 저는 주님만 자랑하며 살고 싶습니다.
주님께서 행하신 놀라운 일들을
한 사람에게라도 더 전하고 싶습니다.
주님이 저의 자랑입니다.

84편

1 만군의 여호와여 주의 장막이 어찌 그리 사랑스러운지요
2 내 영혼이 여호와의 궁정을 사모하여 쇠약함이여
　내 마음과 육체가 살아 계시는 하나님께 부르짖나이다

만왕의 왕 되신 주님, 주님 같은 분은 없습니다.
제가 주님을 사랑합니다.
제가 주님을 사모합니다.
이 세상 그 어떤 화려한 것보다 주님이 훨씬 더 아름다우십니다.

주님의 임재가 있는 이 시간이 얼마나 영광스러운지요.
제 영혼은 주님의 임재를 사모하기에 안달이 나 있습니다.
제 마음은 언제나 하나님께 향해 있고,
제 입술은 늘 살아계신 하나님을 노래합니다.

주님, 어찌 그리 사랑스러운지요.
어찌 그리 아름다우신지요.
오늘도 제 영혼은 주님을 갈망합니다.

10 주의 궁정에서의 한 날이 다른 곳에서의 천 날보다 나은즉
　악인의 장막에 사는 것보다

내 하나님의 성전 문지기로 있는 것이 좋사오니
11 여호와 하나님은 해요 방패이시라
　　　여호와께서 은혜와 영화를 주시며
　　　정직하게 행하는 자에게 좋은 것을 아끼지 아니하실 것임이니이다
12 만군의 여호와여 주께 의지하는 자는 복이 있나이다

주님, 주님께 기도하는 이 시간이
재미있는 드라마를 보는 시간보다 천 배는 더 좋습니다.
주님을 예배하는 이 시간이
유명한 가수의 콘서트보다 천 배는 더 즐겁습니다.

아무리 호화로운 곳에 있을지라도
하나님을 향해 비아냥거리고 교회를 농담거리 삼는
사람들의 이야기를 듣고 있는 것보다
교회 지하 주차장의 매연을 먹어가면서
주차 봉사를 하는 시간이 저는 훨씬 더 좋습니다.

언제나 제 앞길을 환하게 비춰주시고
저를 훼방하는 사람들로부터 저를 지켜주시며
사람들이 무시하지 못하도록
제가 하는 일마다 다 잘되게 하시고

사람들이 함부로 대하지 못하도록 저를 높이 세워주시는 주님.
주님을 의식하며 살아가는 자들에게
날마다 복에 복을 더해주시는 주님.

저는 악한 일을 서슴없이 행하는 사람들과 함께
허황된 삶을 꿈꾸며 살지 않겠습니다.
주님께서 베푸시는 은혜의 부스러기를 사모하며 살아가는 것이
저는 훨씬 더 행복합니다.

86편

6 여호와여 나의 기도에 귀를 기울이시고
  내가 간구하는 소리를 들으소서
7 나의 환난 날에 내가 주께 부르짖으리니
  주께서 내게 응답하시리이다
8 주여 신들 중에 주와 같은 자 없사오며
  주의 행하심과 같은 일도 없나이다

하나님, 저의 기도에 귀를 기울여주시옵소서.
저의 부르짖는 소리가 들리시죠.
저의 탄식하는 소리를 듣고 계시죠.
제가 의지할 분은 주님밖에 없습니다.

저는 주님만 의지합니다.

주님, 저의 신음소리를 들으시고 응답해주시옵소서.

주님, 이 세상 다른 어떤 신도 주님 같을 수는 없습니다.

세상 어떤 신이 저를 위해 죽을 수 있겠습니까.

세상 어떤 신이 저를 위해 아들을 내어줄 수 있습니까.

세상 어떤 신이 저를 이렇게까지 사랑할 수 있겠습니까.

누가 감히 주님을 흉내라도 낼 수 있겠습니까.

주님, 아무리 생각해도 주님 같은 분은 없습니다.

15 그러나 주여 주는 긍휼히 여기시며

    은혜를 베푸시며 노하기를 더디하시며

    인자와 진실이 풍성하신 하나님이시오니

16 내게로 돌이키사 내게 은혜를 베푸소서

    주의 종에게 힘을 주시고 주의 여종의 아들을 구원하소서

오, 하나님,

하나님의 마음에는 언제나 제가 있죠.

저에게 가장 좋은 것을 베푸시고

언제나 따뜻한 미소로 저를 바라보시는 주님.

어떠한 순간에도 넉넉한 마음으로 저를 대해주시고
딴마음을 품지 않고 저를 사랑해주시니
주님, 감사합니다.

주님,
오늘도 저에게 시선을 고정하고 저를 지켜보시다가
저에게 힘이 필요하면 힘을 주시고
지혜가 필요하면 지혜를 주시고
용기가 필요하면 용기를 주시고
도울 자가 필요하면 도울 자를 보내주실 것을 믿습니다.

사랑하는 주님,
비록 저는 부족하지만
기도하는 제 어머니를 봐서라도
주님, 제게 은혜를 베풀어주시옵소서.

전능하신 주님께서 저의 뒤에 계시니
주님, 제가 두려울 것이 없습니다.
크고 높으신 하나님께서 저와 함께하시니
주님, 제 마음이 든든합니다.

오늘 하나님의 은혜가 이곳에 임하고
오늘 하나님의 큰 복이 이곳에 임하고
하나님께서 예비하신 놀라운 복이 오늘 임할 줄로 믿습니다.

만복의 근원이 되시는
예수님의 이름으로 기도드립니다. 아멘.

19장 시편 91-102편
복에 복을 더해주시옵소서

91편

14 하나님이 이르시되
　　그가 나를 사랑한즉 내가 그를 건지리라
　　그가 내 이름을 안즉 내가 그를 높이리라
15 그가 내게 간구하리니 내가 그에게 응답하리라
　　그들이 환난당할 때에 내가 그와 함께하여
　　그를 건지고 영화롭게 하리라
16 내가 그를 장수하게 함으로 그를 만족하게 하며
　　나의 구원을 그에게 보이리라 하시도다

사랑하는 아들아, 사랑하는 딸아
네가 나를 얼마나 사랑하는지 내가 안단다.

네가 나를 얼마나 의지하고 있는지 내가 다 안단다.
네가 나를 얼마나 자랑스러워하는지 내가 다 알고 있단다.

네게 어떤 힘든 일이 있어도 절대 포기해선 안 돼.
내가 너를 반드시 지켜줄 거야.
내가 너의 피난처가 되어주고,
지극히 높은 나 하나님이 너의 안식처가 되어줄 거야.

네가 나를 자랑스러워했던 것처럼
내가 너의 이름을 자랑스럽게 할 거야.
네가 내게 구했던 그 모든 기도에 내가 넘치도록 응답할 거야.

네가 어려움을 당할 때 내가 너와 함께하고
네가 당하고 있는 그 고난까지도 사용해서
너를 더 멋진 사람으로 만들어줄 거야.

내가 너에게 건강도 주고
내가 너에게 좋은 사람도 보내주고
내가 너의 통장의 잔고까지 가득히 채워
네가 환하게 웃는 것을 내가 반드시 보고 말 거야.

나는 여호와 너의 하나님이야.

네가 믿는 나 하나님이 얼마나 대단한지 네가 알게 할 거야.

92편
5 여호와여 주께서 행하신 일이 어찌 그리 크신지요
  주의 생각이 매우 깊으시니이다

주님, 저를 위해 이렇게까지 행하시다니요.

저를 위해 이런 일까지 하시다니요.

주님께서 하신 일들이 그저 놀라울 따름입니다.

죄인 된 저를 구원하시고

죄의 노예였던 저를 자녀 삼으시고

지옥에 가야 할 저를 천국의 백성 삼아주시다니요.

가난한 저를 부요케 하시고

병들어 있던 저를 강건케 하시고

누구 하나 주목하지 않았던 저를

이렇게까지 높여주시다니요.

생각지도 못했던 일입니다.

상상도 하지 못한 일입니다.
그저 주님께서 행하신 일이 놀라울 따름입니다.
큰일을 행하신 주님을 찬양합니다.

12 의인은 종려나무같이 번성하며
　 레바논의 백향목같이 성장하리로다

하나님, 저는 하나님께 속한 사람입니다.
저의 시민권은 하늘에 있습니다.
하나님께 속한 백성들을 주님께서 놀랍게 축복하심을 믿습니다.

하는 일마다 다 잘될 것입니다.
오늘보다 내일 더 좋아질 것입니다.
이번 달보다 다음 달은 더 잘될 것입니다.
올해보다 내년은 더 성장할 것입니다.
저의 세대보다 저의 다음세대가 훨씬 더 번성할 것입니다.

주님, 주님께서 하신 약속과 축복의 말씀이
지금도 제 귓가에 가득합니다.
주님, 복에 복을 더해주셔서 감사합니다.

93편

3 여호와여 큰물이 소리를 높였고
  큰물이 그 소리를 높였으니 큰물이 그 물결을 높이나이다
4 높이 계신 여호와의 능력은
  많은 물소리와 바다의 큰 파도보다 크니이다

살아계신 주님,
아무리 거센 폭풍이 몰려오고 아무리 거친 파도가 몰려와도
두려워하지 않습니다.
물러서지 않습니다.
뒷걸음질 치지 않을 것입니다.

나의 하나님은 저 거친 파도보다 강하시고
나의 하나님은 그 거센 폭풍보다 크신 분이십니다.
가슴 떨리게 하는 바다의 울음소리도
하나님 앞에서는 고양이 울음소리에 지나지 않습니다.

그 크고 높으신 주님께서 함께하시니
주님, 오늘도 고개를 들고 어깨를 펴고
당당하게 걸어가겠습니다.

94편

22 여호와는 나의 요새이시요 나의 하나님은 내가 피할 반석이시라

하나님,
수많은 사람이 나를 공격하고
나를 향해 수군거려도 상관없습니다.
주님께서 저를 지켜주시고
주님께서 저의 반석이 되시기 때문입니다.

주님, 이제 사람의 말에 흔들리지 않을 것입니다.
사람들이 나를 향해 뭐라고 하느냐보다
주님께서 저를 향해 뭐라고 하시느냐가
훨씬 더 중요하기 때문입니다.

100편

3 여호와가 우리 하나님이신 줄 너희는 알지어다
  그는 우리를 지으신 이요 우리는 그의 것이니
  그의 백성이요 그의 기르시는 양이로다

주님, 제가 아는 한 가지는
하나님께서 저의 하나님이시라는 것입니다.

하나님께서 저를 지으셨고
하나님께서 저를 사랑하시고
하나님께서 저를 기르십니다.
하나님께서 저의 왕이시고
하나님께서 저의 목자가 되시고
하나님께서 저의 주인이십니다.

이것보다 더 좋은 소식이 어디 있습니까.
주님, 감사합니다.

5 여호와는 선하시니
　그의 인자하심이 영원하고 그의 성실하심이 대대에 이르리로다

선하신 주님, 주님의 사랑은 끝이 없고
모든 일에 최선을 다하시는 주님께서
제 자녀의 자녀에 이르기까지 변함없이 사랑하실 것을 믿습니다.

102편
17 여호와께서 빈궁한 자의 기도를 돌아보시며
　그들의 기도를 멸시하지 아니하셨도다

주님,
주님은 부유한 사람이나 가난한 사람이나
많이 배운 사람이나 배우지 못한 사람이나
지위가 높은 사람이나 지위가 낮은 사람이나
저희가 하나님의 자녀라는 이유 하나만으로
저희의 기도를 들으시고 응답해주시는 분이십니다.

주님, 저의 기도를 들으시고 저의 기도에 주목해주시고
제 기도에 응답해주셔서 감사합니다.

저의 기도를 들으시는 분이
가진 것으로 사람을 차별하지 않는 분이셔서 얼마나 감사한지요.
주님, 감사 또 감사합니다.

제게 복에 복을 더하시는
예수님의 이름으로 기도드립니다. 아멘.

20장 시편 103편

좋은 것으로 제 소원을 만족시켜주시옵소서

103편

1 내 영혼아 여호와를 송축하라

　내 속에 있는 것들아 다 그의 거룩한 이름을 송축하라

2 내 영혼아 여호와를 송축하며 그의 모든 은택을 잊지 말지어다

살아계신 주님, 이 시간, 제 영혼을 향해 선포합니다.

"내 영혼아, 하나님을 찬양하라.

　나의 생각, 나의 감정, 나의 의지, 나의 고백

　나의 모든 것을 사용해 거룩하신 하나님을 찬양하라.

　놀라우신 하나님을 찬양하라.

　네 평생에 베풀어주신 놀라운 축복을 하나도 잊지 말고,

　하나님을 찬양하라."

³ 그가 네 모든 죄악을 사하시며 네 모든 병을 고치시며
⁴ 네 생명을 파멸에서 속량하시고 인자와 긍휼로 관을 씌우시며
⁵ 좋은 것으로 네 소원을 만족하게 하사
　네 청춘을 독수리같이 새롭게 하시는도다

저의 모든 죄악을 용서하신 하나님.
저의 모든 질병을 고쳐주신 하나님.
영원한 멸망의 길을 걷던 저를 불쌍히 여기시고,
저를 대신해 십자가를 지신 주님.
죄의 길에 서 있던 저를 너그러운 눈빛으로 바라보시고,
영원한 생명의 길로 인도하신 하나님.

언제나 좋은 것으로 저의 소원을 만족시키셔서
더 이상 구할 것이 없게 하신 하나님.
세월이 흘러도 점점 더 젊어지게 하시는 하나님.

하나님께서 베푸신 이 놀라운 축복을
하나도 빠짐없이 기억하겠습니다.
하나님께서 베푸신 이 놀라운 은혜를
날마다 기억하며 살겠습니다.

6 여호와께서 공의로운 일을 행하시며
  억압당하는 모든 자를 위하여 심판하시는도다
7 그의 행위를 모세에게, 그의 행사를 이스라엘 자손에게 알리셨도다

힘 있는 자들의 세상에서
힘 있다고 편을 들어주시는 것이 아니라,
언제나 억울한 자의 편이 되어주시는 하나님.

주님의 계획이 무엇인지 모세에게 말씀해주시고
주님의 뜻이 무엇인지 이스라엘에게 말씀해주신 것처럼
오늘 저희에게 친절하게 말씀해주시며
저희의 걸음을 인도해주시니 감사합니다.

하나님께서 저의 하나님이셔서 얼마나 다행인지요.
하나님께서 제 편이 되어주시니 얼마나 다행인지요.
저의 모든 억울함을 풀어주시는 하나님을 찬양합니다.

8 여호와는 긍휼이 많으시고 은혜로우시며
  노하기를 더디 하시고 인자하심이 풍부하시도다
9 자주 경책하지 아니하시며 노를 영원히 품지 아니하시리로다

언제나 저를 불쌍히 여겨주신 하나님.
자격을 따지지 않으시고 항상 좋은 것을 베풀어주신 하나님.
똑같은 실수를 반복해도 쉽게 화내지 않으시고
제게 한없는 사랑을 베풀어주신 하나님.
웬만해서는 저를 꾸짖지 않으시고
아무리 화가 나도 해가 지기 전에는 화를 푸신 하나님.
그 선하신 주님을 찬양합니다.

10 우리의 죄를 따라 우리를 처벌하지는 아니하시며
　 우리의 죄악을 따라 우리에게 그대로 갚지는 아니하셨으니
11 이는 하늘이 땅에서 높음같이
　 그를 경외하는 자에게 그의 인자하심이 크심이로다

제가 잘못한 것을 다 보고 계시면서도
못 본 체하고 넘어가 주시고
제가 잘못한 것을 다 알고 계시면서도
모른 체하고 넘어가신 하나님.

지적할 것이 그렇게 많고
따져 물어야 할 것이 그렇게 많은데도
일일이 다 말씀하지 않으신 하나님.

제가 하나님의 자녀라는 이유 하나만으로
저를 이렇게 사랑해주신 하나님.

땅에서 우주까지의 거리는 잴 수 있어도
저를 향하신 하나님의 사랑의 거리는
결코 잴 수가 없습니다.

12 동이 서에서 먼 것같이
    우리의 죄과를 우리에게서 멀리 옮기셨으며
13 아버지가 자식을 긍휼히 여김같이
    여호와께서는 자기를 경외하는 자를 긍휼히 여기시나니
14 이는 그가 우리의 체질을 아시며
    우리가 단지 먼지뿐임을 기억하심이로다

해가 뜨는 동쪽이 해가 지는 서쪽과 만날 수 없듯이
다시는 우리가 우리 죄를 만날 수 없게 하신 하나님.
환갑이 넘은 자식을 걱정하는 어미의 마음처럼
장성한 자식을 보며 차 조심하라 당부하는 아비의 마음처럼
언제나 당신의 자녀들을 긍휼히 여기시는 하나님.

제가 얼마나 연약한지 잘 알기에

한 번이라도 더 보듬어주시고

제가 얼마나 부족한지 잘 알기에

한 번이라도 더 제 이름을 불러주신 하나님.

머릿속에 온통 제 생각뿐이신 하나님.

제가 주님을 사랑합니다.

15 인생은 그날이 풀과 같으며 그 영화가 들의 꽃과 같도다

16 그것은 바람이 지나가면 없어지나니

　그 있던 자리도 다시 알지 못하거니와

17 여호와의 인자하심은

　자기를 경외하는 자에게 영원부터 영원까지 이르며

　그의 의는 자손의 자손에게 이르리니

18 곧 그의 언약을 지키고 그의 법도를 기억하여 행하는 자에게로다

하나님, 어찌 이리 세월이 빠른지요.

그렇게 빛나던 청춘이 꽃처럼 시들고

그 아름다웠던 순간이 찰나와 같고

그 행복했던 시간들이 마치 한낮의 꿈만 같습니다.

그러나 저를 향한 하나님의 사랑은 여전합니다.

하나님의 사랑은 언제나 처음 같습니다.

사랑이 식고 변하는 것이 당연해 보이는 세상에서
하나님은 변함없이 저를 사랑하시니
이 사랑이 저를 살게 합니다.

하나님,
저는 언제나 하나님만 의지하며 살 것입니다.
항상 예수님만 붙들며 살아갈 것입니다.
날마다 성령님과 동행할 것입니다.

제 자녀의 자녀에 이르기까지 주님의 사랑을 베풀어주시옵소서.
제 자녀의 자녀에 이르기까지 주님의 은혜로 살게 해주시옵소서.
주님, 사랑합니다.

19 여호와께서 그의 보좌를 하늘에 세우시고
　 그의 왕권으로 만유를 다스리시도다
20 능력이 있어 여호와의 말씀을 행하며
　 그의 말씀의 소리를 듣는 여호와의 천사들이여
　 여호와를 송축하라
21 그에게 수종들며 그의 뜻을 행하는 모든 천군이여
　 여호와를 송축하라

하늘에 자리를 펴시고 온 천하 만물을 다스리시는 하나님,
하나님은 만왕의 왕이시며 만주의 주이십니다.

하나님의 말씀들 듣고 하나님의 말씀에 순종하는
하나님의 천사들이 하나님을 찬양합니다.
하나님만 따르며 하나님의 뜻을 따르는
하나님의 군사들이 하나님을 송축합니다.

주님, 제가 하나님의 뜻을 구합니다.
제가 하나님의 말씀을 따라 살겠습니다.
저의 영혼이 하나님을 찬양하며
제 삶으로 주님을 높여드립니다.

22 여호와의 지으심을 받고
　　그가 다스리시는 모든 곳에 있는 너희여
　　여호와를 송축하라 내 영혼아 여호와를 송축하라

"하나님께 지음받은 모든 만물들아
 우리를 창조하시고 우리를 다스리시고
 우리를 구속하신 하나님을 찬양하라.
 내 영혼아, 살아계신 하나님을 찬양하라."

예, 주님.

저의 영혼이 주님을 찬양합니다.

힘을 다해 주님을 찬양합니다.

온 마음을 모아 주님을 높여드립니다.

정성을 다해 주님을 송축합니다.

주님은 찬양을 받으시기에 합당하십니다.

주님은 높임을 받으시기에 마땅하십니다.

주님 찬양합니다.

주님 경배합니다.

주님 사랑합니다.

찬양을 받으시기에 합당하신

예수님의 이름으로 기도드립니다. 아멘.

21장 시편 107-116편
제게 큰 복을 내려주시옵소서

107편

⁸ 여호와의 인자하심과 인생에게 행하신
  기적으로 말미암아 그를 찬송할지로다
⁹ 그가 사모하는 영혼에게 만족을 주시며
  주린 영혼에게 좋은 것으로 채워주심이로다

사랑하는 주님,

주님께서 제 삶에 남겨주신 흔적은 온통 사랑뿐입니다.

주님께서 베푸신 놀라운 기적은 끝날 줄을 모릅니다.

주님, 오늘도 주님의 사랑과 기적으로

제 삶을 덮어주시니 감사합니다.

사람들이 저를 보며 "넌 참 운이 좋다" 하지만
저는 압니다.
모든 것이 하나님의 은혜입니다.

사랑하는 주님,
주님을 의지하면 불안했던 마음에 평안이 깃들고
주님께 나아가면 화가 났던 마음도 안정이 됩니다.
주님을 바라보면 우울했던 마음이 기쁨으로 변하고
주님 안에 있으면 외로웠던 마음이 감사로 채워집니다.

하나를 구하면 열을 주시고
언제나 모자라지 않게 넉넉하게 주시니
주님을 만난 후론 부족함을 모르고 살아갑니다.

제가 좋다 할 때까지 제가 만족하다 할 때까지
제가 그만할 때까지 채워주시고 또 채워주시는 주님.
오늘도 감사합니다.

28 이에 그들이 그들의 고통 때문에 여호와께 부르짖으매
　　그가 그들의 고통에서 그들을 인도하여 내시고
29 광풍을 고요하게 하사 물결도 잔잔하게 하시는도다

30 그들이 평온함으로 말미암아 기뻐하는 중에
  여호와께서 그들이 바라는 항구로 인도하시는도다
31 여호와의 인자하심과 인생에게 행하신 기적으로 말미암아
  그를 찬송할지로다

주님, 제 삶의 벼랑 끝에서
제가 할 수 있는 것이 아무것도 없을 때
눈물과 두려움으로 떨고 있을 그때
누구도 나를 찾지 않는 그때
그때 주님께서 저를 찾아내셨습니다.
주님께서 크신 손으로 저의 부르짖음을 들어주시고
고통스러운 삶의 기억을 모두 지우셨습니다.

절박하게 주님께 매달렸던 그 날
그날 들려주신 그 음성이
흔들리던 저의 마음을 고요하게 했고
출렁이던 제 삶을 잔잔하게 했습니다.

주님을 만났던 그 날의 행복은
처음 느껴본 평안이었습니다.
처음 느껴본 기쁨이었습니다.

제가 바라던 곳으로 안전하게 인도하신 주님을 생각하면
지금도 웃음이 납니다.
놀라운 사랑을 베푸시고 기적 같은 은혜를 베푸신 주님,
오늘도 주님을 찬양합니다.

108편

1 하나님이여 내 마음을 정하였사오니
  내가 노래하며 나의 마음을 다하여 찬양하리로다
2 비파야, 수금아, 깰지어다 내가 새벽을 깨우리로다

주님, 제가 마음을 정했습니다.
확실하게 마음을 굳혔습니다.
제 영혼이 확정되었습니다.

황무지에 강을 내시고
바싹 말라버린 논밭에 샘을 솟게 하시며
거친 돌밭을 풍성한 과수원으로 바꾸신 주님.
저는 주님을 찬양할 것입니다.

이른 새벽부터 늦은 밤까지
해가 뜨는 곳에서 해가 지는 곳까지

저는 주님만을 찬양할 것입니다.
모든 날 모든 순간 모든 상황 속에서
저는 주님을 찬양할 것입니다.

111편

10 여호와를 경외함이 지혜의 근본이라
   그의 계명을 지키는 자는 다 훌륭한 지각을 가진 자이니
   여호와를 찬양함이 영원히 계속되리로다

주님,
이 땅을 살아가면서 지혜가 필요합니다.
무엇이 중요하고 무엇이 덜 중요한지
언제 시작해야 하고 언제 마무리해야 하는지
언제 힘을 써야 하고 언제 힘을 빼야 하는지
아는 지혜가 필요합니다.

지혜로운 삶의 시작은 하나님을 경외하는 것임을 압니다.
하나님을 경외하는 마음으로 하나님의 말씀을 더 가까이하고
한 구절의 말씀이라도 더 붙들고 살아갈 때
하나님의 놀라운 지혜가 임할 줄 믿습니다.

주님,
저의 삶이 날마다 하나님을 찬양하고
영원히 하나님께 영광을 돌리는
축복된 삶이 되게 해주시옵소서.

놀라운 사랑을 베푸신 주님,
주님을 찬양하는 것을 끝내지 않겠습니다.
말로 다 할 수 없는 은혜를 주신 주님,
주님을 노래하는 것을 멈추지 않겠습니다.
주님을 예배하는 것이 제 삶에 영원히 계속되도록
주님, 도와주시옵소서.

115편

12 여호와께서 우리를 생각하사 복을 주시되
　이스라엘 집에도 복을 주시고 아론의 집에도 복을 주시며
13 높은 사람이나 낮은 사람을 막론하고
　여호와를 경외하는 자들에게 복을 주시리로다
14 여호와께서 너희를 곧 너희와 너희의 자손을
　더욱 번창하게 하시기를 원하노라
15 너희는 천지를 지으신 여호와께 복을 받는 자로다

어떻게 하면 제게 한 번이라도 더 복을 줄 수 있을까
밤낮없이 제 생각에 빠져 사시는 주님.
주님께서 제 생각을 하고 계신다는 것만으로도
제 가슴은 오늘도 벅차오릅니다.

주님, 저의 가정에 복을 주시고
저희 집안에 복을 주시옵소서.
하나님을 사랑하는 모든 가족에게
복에 복을 더해주시옵소서.
가정마다 자녀의 복을 주시고
우리의 자녀 세대가 부모 세대보다 더 형통케 되는
복을 누리게 해주시옵소서.

저희 집안을 일으켜 세우신 분이 하나님이심을 기억하며
날마다 저희에게 복 주시는 하나님을
찬양하는 가정이 되게 해주시옵소서.

주님, 저는 주님께 복을 받은 사람입니다.
저희 가정은 주님께 복을 받은 가정입니다.
영혼이 잘되는 복을 주시니 감사합니다.
범사가 잘되는 복을 주시니 감사합니다.

건강의 복을 주시고

만남의 복을 주시고

물질의 복을 주시니

주님, 감사합니다.

주님, 저는 주님께 복을 받은 사람입니다.

저같이 복을 받은 사람이 또 어디 있겠습니까.

주님, 감사합니다.

116편

1 여호와께서 내 음성과 내 간구를 들으시므로
  내가 그를 사랑하는도다
2 그의 귀를 내게 기울이셨으므로 내가 평생에 기도하리로다

주님, 언제나 사랑스러운 눈으로 저를 바라보시고

저의 작은 신음조차 놓치지 않으시니

제가 어찌 주님을 사랑하지 않을 수 있겠습니까.

주님, 제가 이렇게 풍성한 삶을 누리게 된 것은

주님께서 부어주시는 놀라운 축복,

주님께서 쏟아부으신 놀라운 축복 때문임을 제가 압니다.

언제나 저를 향해 귀를 기울이시는 주님.
저는 평생 기도하며 살겠습니다.
기도로 살아가겠습니다.
하나님께 기도할 수 있다는 것
이것이야말로 제 삶의 축복입니다.

오늘도 놀라운 축복을 허락하신
예수님의 이름으로 기도드립니다. 아멘.

22장 시편 117-119편

주님의 말씀 안에서 삶의 해답을 찾게 해주시옵소서

117편

1 너희 모든 나라들아 여호와를 찬양하며
  너희 모든 백성들아 그를 찬송할지어다
2 우리에게 향하신 여호와의 인자하심이 크시고
  여호와의 진실하심이 영원함이로다 할렐루야

모든 나라들아 하나님께 열광하고
모든 백성들아 하나님께 환호성을 외쳐라!
하나님의 행하심을 바라보며 감탄하라!

영원하신 주님,
저는 주님을 찬양합니다.

하나님의 특별한 은혜가 제게 임하고
하나님의 끝없는 사랑이 저를 감싸니
제가 어찌 찬양하지 않을 수 있겠습니까.

날마다 새로운 노래로 주님을 찬양합니다.
찬양받으시기 합당하신 주님을 영원히 찬양합니다.

118편

5 내가 고통 중에 여호와께 부르짖었더니
   여호와께서 응답하시고 나를 넓은 곳에 세우셨도다

주여, 주여, 주여.
고통 가운데 어떤 기도도 할 수 없을 때
눈물과 탄식으로 부르짖습니다.
"주여, 주여, 주여!"

주님은 저의 부르짖음을 들으시고
부르짖음의 의미를 아시고
부르짖음에 응답해주셨습니다.
상상할 수 없는 크고 놀라운 일을 보이시며
답답한 제 마음을 시원케 하셨습니다.

6 여호와는 내 편이시라
　내가 두려워하지 아니하리니 사람이 내게 어찌할까
7 여호와께서 내 편이 되사 나를 돕는 자들 중에 계시니
　그러므로 나를 미워하는 자들에게 보응하시는 것을 내가 보리로다

하나님께서 제 편이시니 너무 좋습니다.
누가 감히 하나님께 덤빌 수 있겠습니까?
누가 감히 저를 건드릴 수 있겠습니까?
저는 그저 주님께 딱 붙어 있을 것입니다.

하나님께서 저를 대신해서 싸워주시니
이제 원수들은 끝장났습니다.
저를 괴롭히던 자들도 이제 끝입니다.

8 여호와께 피하는 것이 사람을 신뢰하는 것보다 나으며
9 여호와께 피하는 것이 고관들을 신뢰하는 것보다 낫도다

주님,
제가 의지할 사람이 없어도 저는 괜찮습니다.
집안에 잘나가는 사람 하나 없어도 저는 괜찮습니다.

크신 주님이 저를 아시고 크신 주님이 저와 함께하시는데
제가 누구를 두려워하겠습니까.
저는 주님만 의지하고 주님만 따라갈 것입니다.

119편
105 주의 말씀은 내 발에 등이요 내 길에 빛이니이다

주님, 인생에 어둠이 가득하다 해도
빛 되신 주님이 계시니 걱정 없습니다.
한 치 앞도 알 수 없는 것이 인생이지만
모든 것을 아시는 주님이 계시니 저는 괜찮습니다.

주님만 나타나면 어둠은 사라지고
주님의 말씀이 있는 곳엔 기적이 일어납니다.

9 청년이 무엇으로 그의 행실을 깨끗하게 하리이까
　주의 말씀만 지킬 따름이니이다

주님, 저의 삶을 깨끗하게 하는 것은 주님의 말씀입니다.
주님의 말씀으로 저를 덮어주시고
주님의 말씀으로 저를 붙들어 주시옵소서.

11 내가 주께 범죄하지 아니하려 하여
　　주의 말씀을 내 마음에 두었나이다

주님,
한 구절의 말씀이라도 더 암송하고
한 구절의 말씀이라도 더 묵상하게 해주시옵소서.
저의 생각을 하나님의 말씀으로 채워주시고
저의 입술을 하나님의 말씀으로 채워주시옵소서.
하나님의 말씀이 저를 거룩하게 하고
하나님의 말씀이 저를 복되게 합니다.

50 이 말씀은 나의 고난 중의 위로라
　　주의 말씀이 나를 살리셨기 때문이니이다

주님,
고난의 시간에 누가 저를 위로할 수 있겠습니까.
무엇이 제게 위로가 되겠습니까.
제가 의지할 분은 주님뿐입니다.
주의 말씀이 제게 위로입니다.
주의 말씀만이 저를 살게 합니다.

주님, 이제 말씀을 더 붙들겠습니다.
말씀에 더 귀 기울이겠습니다.
저를 다시 살리신 하나님의 말씀으로
저의 영혼을 가득 채우겠습니다.

116 주의 말씀대로 나를 붙들어 살게 하시고
　　내 소망이 부끄럽지 않게 하소서

주님, 주님의 말씀을 보고 있으면 소망이 보입니다.
주님의 말씀을 듣고 있으면 희망이 생깁니다.
주님의 말씀을 듣다 보면 내일이 더욱더 기대됩니다.

저로 하여금 수치를 당하지 않게 하시고
주님의 오른손으로 저를 붙들어 주시옵소서.
주님의 왼손으로 저를 높이 세워주시고
명예로운 자리에 저를 앉혀주시옵소서.
주님의 이름을 위해서라도 꼭 그렇게 해주시옵소서.

165 주의 법을 사랑하는 자에게는 큰 평안이 있으니
　　그들에게 장애물이 없으리이다

주님,
세상 돌아가는 것을 보고 있으면 두려움이 밀려오지만
하나님의 말씀을 보고 있으면 평안이 넘쳐납니다.
주위를 돌아보면 장애물투성이지만
말씀 안에는 해답이 가득합니다.

주님, 주님의 말씀을 밤낮으로 듣고 또 듣습니다.
말씀을 듣고 있으면 근심이 사라지고
말씀을 듣고 있으면 담대함이 생깁니다.

말씀을 들었을 뿐인데 기분이 좋아지고 마음가짐이 달라집니다.
하나님의 말씀이 제 안에서 살아 움직이는 것이 느껴집니다.
주님, 저는 언제나 말씀으로 살아가겠습니다.

말씀이 육신이 되어 이 땅에 오신
예수님의 이름으로 기도드립니다. 아멘.

23장 시편 121-128편

주님을 의지하오니
좋은 소식을 들려주시옵소서

121편

1 내가 산을 향하여 눈을 들리라 나의 도움이 어디서 올까
2 나의 도움은 천지를 지으신 여호와에게서로다
3 여호와께서 너를 실족하지 아니하게 하시며
 너를 지키시는 이가 졸지 아니하시리로다
4 이스라엘을 지키시는 이는 졸지도 아니하시고
 주무시지도 아니하시리로다

하나님의 임재가 있었던 곳,
하나님의 말씀이 임했던 곳,
하나님의 영광이 가득했던 그곳을 바라봅니다.

다시 생각해도 제 삶의 도움은 역시 하나님이십니다.
하늘을 만드시고 땅을 지으신 전능한 하나님이십니다.

제 발이 미끄러지지 않도록 밤낮없이 제 손을 붙드시는
하나님이 저의 도움이십니다.
그렇습니다.
단 한 순간도 제게서 눈을 뗀 적 없으신 하나님이
바로 저의 하나님이십니다.

5 여호와는 너를 지키시는 이시라
　여호와께서 네 오른쪽에서 네 그늘이 되시나니
6 낮의 해가 너를 상하게 하지 아니하며
　밤의 달도 너를 해치지 아니하리로다
7 여호와께서 너를 지켜 모든 환난을 면하게 하시며
　또 네 영혼을 지키시리로다
8 여호와께서 너의 출입을 지금부터 영원까지 지키시리로다

행여나 상할까 행여나 아플까
낮이나 밤이나 저를 안으시고 업으시며 돌보시는 주님.
주님께서 저를 지켜주시기에 제 영혼은 안전합니다.

털끝 하나 상하지 않도록 모든 환난을 비껴가게 하시고
출근길에도 함께하시고 퇴근길에도 붙들어 주시니
제 영혼이 평안합니다.

지금 누리는 이 평강을 영원히 누리게 하신다 약속하시니
주님, 너무 좋습니다.

126편

5 눈물을 흘리며 씨를 뿌리는 자는 기쁨으로 거두리로다
6 울며 씨를 뿌리러 나가는 자는
   반드시 기쁨으로 그 곡식 단을 가지고 돌아오리로다

주님,
눈물 나는 아픔에도 주님께 소망을 두고
기도의 씨앗을 뿌리는 저희에게 응답해주시옵소서.

오늘도 눈물로 부르짖는 저희에게
반드시 기쁨의 날을 주시옵소서.
주님, 꼭 그렇게 해주시옵소서.
너무 좋아서 어쩔 줄 모르는 그 기분을
주님, 꼭 맛보게 해주시옵소서.

127편

1 여호와께서 집을 세우지 아니하시면
  세우는 자의 수고가 헛되며
  여호와께서 성을 지키지 아니하시면
  파수꾼의 깨어 있음이 헛되도다
2 너희가 일찍이 일어나고 늦게 누우며
  수고의 떡을 먹음이 헛되도다
  그러므로 여호와께서 그의 사랑하시는 자에게는
  잠을 주시는도다

주님,
제가 아무리 수고한들 주님께서 관심을 두지 않으시면
되는 일이 뭐가 있겠습니까.
제가 아무리 애를 태운들 주님께서 움직이지 않으시면
그게 무슨 도움이 되겠습니까.

제가 아무리 부지런히 살고 열심히 살아도
주님께서 일하지 않으시면 아무 소용없습니다.
하나님의 은혜가 없으면
아무리 애를 써도 어차피 안 됩니다.

주님, 저는 오늘부터 크신 하나님을 신뢰하며
모든 불안과 염려를 다 내려놓겠습니다.
마음의 여유를 가지고 이제 저는 쉬겠습니다.
모든 것을 주님께 맡기고 저는 안식하겠습니다.

푹 자고 일어나면 주님께서 좋은 일을 예비해 두시고
저를 기다리고 계실 것을 믿습니다.
잘 쉬고 나면 좋은 소식을 들고
주님께서 저를 찾아오실 것을 믿습니다.
주님, 주님께 사랑받을 때 역시 가장 행복합니다.

128편

1 여호와를 경외하며 그의 길을 걷는 자마다 복이 있도다
2 네가 네 손이 수고한 대로 먹을 것이라
　네가 복되고 형통하리로다

주님, 사람들이 저를 조롱합니다.
무슨 하나님이 복을 준다고 하냐고
성경 어디에 하나님이 복을 준다고 쓰여있냐고
당장 그런 기도는 멈추라고 합니다.

주님,

저는 그런 말에 흔들리지 않겠습니다.

오늘 제게 주신 이 말씀을 붙잡겠습니다.

제게 큰 복을 주시는 하나님,

저는 하나님을 경외하며 하나님의 말씀을 따라 살겠습니다.

주님,

제가 손대는 일마다 다 잘되게 하시고

제가 시작한 일마다 다 성공하게 해주시옵소서.

그저 조금 잘되는 것 정도가 아니라

하나님께서 하셨다는 것을 누구도 부인할 수 없도록

하나님이 아니면 도저히 설명이 안 될 정도로

잘되게 해주시옵소서.

3 네 집 안방에 있는 네 아내는 결실한 포도나무 같으며

　 네 식탁에 둘러앉은 자식들은 어린 감람나무 같으리로다

4 여호와를 경외하는 자는 이같이 복을 얻으리로다

5 여호와께서 시온에서 네게 복을 주실지어다

　 너는 평생에 예루살렘의 번영을 보며

6 네 자식의 자식을 볼지어다 이스라엘에게 평강이 있을지로다

주님,
제게 행복한 가정을 세우는 복을 주시옵소서.
가장 친한 친구가 누구냐는 질문에
배우자라고 말할 수 있는 복을 주시고
생각만 해도 웃음이 절로 나는
건강한 자녀의 복을 주시옵소서.
눈에 넣어도 아프지 않을 손자 손녀를 보는 복을 주시고,
화목한 가정을 이루는 복을 주시옵소서.

주님, 평생 빚만 갚다가 마는 인생이 아니라
빌려주고 나눠주고 베풀면서 멋있게 살고 싶습니다.
병원에 왔다갔다하느라
시간과 돈을 다 허비하는 것이 아니라
봉사도 하고 선교도 하면서 건강하게 섬기며 살고 싶습니다.

저만 잘사는 것이 아니라
저의 도움을 받은 형제자매들도 모두 다 잘살게 하고 싶습니다.

주님,
주님을 사랑하고 주님의 영광을 위해 살아가는 저희에게
이 시간 하늘 문을 여시고 큰 복을 내려주시옵소서.

차고 넘치는 복을 내려주시옵소서.
하나님의 복으로 뒤덮어 주시옵소서.
오늘 복 내려주실 줄 믿습니다.

복되게 하시고 형통케 하시는
예수님의 이름으로 기도드립니다. 아멘.

24장 시편 131-136편

풍성한 열매를 맺게 해주시옵소서

131편

1 여호와여 내 마음이 교만하지 아니하고
  내 눈이 오만하지 아니하오며
  내가 큰일과 감당하지 못할 놀라운 일을 하려고
  힘쓰지 아니하나이다
2 실로 내가 내 영혼으로 고요하고 평온하게 하기를
  젖 뗀 아이가 그의 어머니 품에 있음 같게 하였나니
  내 영혼이 젖 뗀 아이와 같도다
3 이스라엘아 지금부터 영원까지 여호와를 바랄지어다

주님,
제가 더 애를 쓴다고 삶이 달라지지 않습니다.

제가 더 많이 노력한다고 더 많은 열매를 얻는 것도 아닙니다.

주변 사람과 비교하며 욕심내기 시작하면 마음만 앞서게 되고,
마음이 앞서면 지나치게 되고,
지나치게 되면 결국 무너지게 됩니다.
불가능한 계획과 일정으로
몸만 상하고 마음만 지칠 뿐입니다.

열매 맺게 하시는 분은 하나님이십니다.
하나님께서 이루실 일이라면 하나님께서 하십니다.

제가 어떻게 한다고 해서 되는 것이 아니기에
이제 안달하지 않겠습니다.
과정에 최선을 다하되 결과에 목매지 않겠습니다.

주님, 제가 할 일은 주님께 붙어 있는 것입니다.
저는 주님께 붙어 있겠습니다.
기도로 주님께 붙어 있겠습니다.

모든 일을 이루실 하나님께 소망을 두고 기도하겠습니다.
약속을 지키시는 하나님을 신뢰하며 기다리겠습니다.

하나님은 언제나 제게 가장 좋은 것을 주셨습니다.
한 번도 저를 실망하게 한 적이 없으십니다.
그러기에 저는 주님을 의지하겠습니다.

주님, 주님께 모든 것을 맡기니 제 영혼이 고요해집니다.
하나님께서 **"후"** 하고 제게 깊은숨을 불어 넣으시니
제 마음이 평안합니다.

134편
³ 천지를 지으신 여호와께서 시온에서 네게 복을 주실지어다

하늘과 땅을 지으신 하나님.
밤낮으로 하나님을 예배하는 당신의 자녀들에게
복을 주시옵소서.
하나님을 충성스럽게 따르는 당신의 자녀들에게
큰 복을 주시옵소서.
오늘도 연약한 무릎을 꿇고 믿음으로 기도하는 저들에게
천국의 문을 여시고 하늘의 신령한 복을 내려주시옵소서.

하나님의 선하심을 아는 복을 주시고
제한이 없는 하나님의 사랑을 날마다 느끼며 살아가는

복을 주시옵소서.
하나님께서 창조하신 이 세상을
아름답게 바라보는 복을 주시고
하나님께서 저를 용서하고 사랑하셨듯
자신을 용서하고 사랑하는 복을 주시옵소서.

하나님께서 허락하신 이 놀라운 삶을
즐길 수 있는 복을 주시고,
하나님께서 베푸신 삶의 풍성한 은혜에
감사하며 살아가는 복을 주시옵소서.

오랫동안 묶여있던 모든 사슬이
십자가 아래서 끊어졌음을 믿습니다.
재능과 환경에 매이지 않고 사는 복을 주시고,
하나님께서 지으신 모습으로 자유롭게 살고
사랑하며 사는 복을 주시옵소서.

인생에 찾아온 고난이
마음의 쓴 뿌리가 되는 것이 아니라
예수님께 깊이 뿌리 내려
성숙한 인격으로 자라가는 복이 되게 하시고,

고난보다 더 큰 은혜, 상황을 뛰어넘는 은혜,
역전시키는 하나님의 은혜에 붙들려
소망을 품고 살아가는 복을 주시옵소서.
그리고 제 삶이 또 다른 누군가에게 복이 되게 해주시옵소서.

136편

1 여호와께 감사하라
  그는 선하시며 그 인자하심이 영원함이로다

주님, 감사합니다.
주님의 선한 능력으로 저를 감싸주시고
주님의 끝없는 사랑으로 저를 안아주시니
제 영혼이 주님을 찬양합니다.

12 강한 손과 펴신 팔로 인도하여내신 이에게 감사하라
   그 인자하심이 영원함이로다

십자가에 못 박힌 그 손으로 모든 죄의 사슬을 끊으시고
십자가에 달리신 그 편 팔로 깊은 수렁에서 건져 올리시니
제 영혼이 주님을 찬양합니다.

²³ 우리를 비천한 가운데에서도 기억해주신 이에게 감사하라
　그 인자하심이 영원함이로다

누구도 기억해주지 않았던 저를
누구 하나 불러준 적 없는 저의 이름을
가장 애틋한 음성으로 불러주시니
제 영혼이 주님을 찬양합니다.

²⁴ 우리를 우리의 대적에게서 건지신 이에게 감사하라
　그 인자하심이 영원함이로다

원수의 공격 앞에 불안해 떠는 저를 위로하시고
상처받은 마음을 싸매주시며 힘없는 저를 위해 싸워주시니
제 영혼이 주님을 찬양합니다.

풍성한 열매를 맺게 하신 주님을 찬양합니다.
약속을 지키시는 신실하신 주님을 찬양합니다.

날마다 좋은 것으로 채워주시는 주님을 찬양합니다.
참된 안식과 평안을 주신 주님을 찬양합니다.

하늘의 큰 복을 주시는 주님을 찬양합니다.

모든 것을 넘어서는 은혜로 채우시는 주님을 찬양합니다.

주님, 제가 주님을 찬양합니다.

영원한 사랑을 베푸신

예수님의 이름으로 기도드립니다. 아멘.

25장 시편 138-139편

주님의 은혜로
저를 감싸주시옵소서

138편

3 내가 간구하는 날에 주께서 응답하시고
  내 영혼에 힘을 주어 나를 강하게 하셨나이다

신실하신 주님,

주님은 약속을 지키는 분이십니다.

말씀을 이루는 분이십니다.

오늘도 약속의 말씀을 붙들고 기도합니다.

제가 기도할 때 응답하겠다 약속하신 주님,

이 시간 부르짖는 저의 기도를 들으시고 응답해주시옵소서.

고단한 제 영혼에 힘을 주시고

지친 마음을 강하게 해주시옵소서.
무기력해진 제 영혼에 하늘의 생기를 불어넣어 주시고,
은혜의 바람을 불어주시옵소서.

7 내가 환난 중에 다닐지라도 주께서 나를 살아나게 하시고
　주의 손을 펴사 내 원수들의 분노를 막으시며
　주의 오른손이 나를 구원하시리이다
8 여호와께서 나를 위하여 보상해주시리이다
　여호와여 주의 인자하심이 영원하오니
　주의 손으로 지으신 것을 버리지 마옵소서

온갖 시련이 정신없이 저를 흔들어대고
삶의 모든 자리가 무너져 내릴지라도
주님, 저는 주님을 바라봅니다.
지독한 절망감이 저를 짓누르고
원수의 속삭임이 멈추지 않고
도무지 희망이 보이지 않을지라도
주님, 저는 주님을 의지하겠습니다.

주님, 제 마음의 눈을 열어주셔서
주님의 크신 손을 보게 해주시옵소서.

왼손으로 원수의 공격을 막아내시고
오른손으로는 저를 건져내시는
주님의 큰 손을 보게 해주시옵소서.

선하신 주님,
여전히 주님께서 제 삶을 다스리시며
이전에 없었던 은혜를 베푸신 것을
저의 두 눈으로 똑똑히 보게 해주시옵소서.

주님께서 저와 함께하시는데 제게 두려울 것이 무엇이며
주님께서 저를 지켜주시는데 제게 무서울 것이 무엇입니까.
제 눈에는 전능하신 주님만 보일 뿐입니다.

139편

1 여호와여 주께서 나를 살펴보셨으므로 나를 아시나이다
2 주께서 내가 앉고 일어섬을 아시고
   멀리서도 나의 생각을 밝히 아시오며
3 나의 모든 길과 내가 눕는 것을 살펴보셨으므로
   나의 모든 행위를 익히 아시오니
4 여호와여 내 혀의 말을 알지 못하시는 것이 하나도 없으시니이다
5 주께서 나의 앞뒤를 둘러싸시고 내게 안수하셨나이다

단 한 순간도 제게서 눈을 떼지 않으시는 주님,
주님은 저를 아시죠.
제가 앉아 있을 때든지 일어서 있을 때든지
저를 항상 보고 계시죠.
제가 잠잘 때든 일할 때든 주님은 항상 저를 보고 계시죠.

제가 무슨 말을 하는지 다 듣고 계시고
제가 무슨 일을 하는지 다 보고 계시고
심지어 제가 무슨 생각을 하는지도 주님은 다 알고 계시죠.

매일 밤 제 머리에 손을 얹고 축복하시며
어디를 가든 제 손을 꼭 잡고 다니시고
언제든지 저의 어깨를 따뜻하게 감싸 안으시는 주님,

저의 영혼은 주님의 신비로운 능력으로 둘러싸여 있습니다.
사방이 온통 주님의 사랑으로 둘러싸여 있습니다.
주님의 임재 안에서 제 영혼이 안전합니다.

7 내가 주의 영을 떠나 어디로 가며 주의 앞에서 어디로 피하리이까
8 내가 하늘에 올라갈지라도 거기 계시며
  스올에 내 자리를 펼지라도 거기 계시니이다

9 내가 새벽 날개를 치며 바다 끝에 가서 거주할지라도
10 거기서도 주의 손이 나를 인도하시며
   주의 오른손이 나를 붙드시리이다

주님, 제가 주님의 눈을 피해 어디로 달아날 수 있겠습니까.
제가 주님을 위해 살아갈 때도 주님은 저와 함께 계셨고
제가 주님을 잊고 살 때도 주님은 저와 함께하셨습니다.
주님을 피해 저 멀리 도망칠 때도
주님은 그곳까지 따라오셔서 저를 찾아내시고
저의 걸음을 인도하셨습니다.
주님은 제가 넘어졌어도 완전히 무너지지 않도록 지켜주셨습니다.

주님, 주님의 그 사랑이 있었기에
그래도 제가 이렇게 살아갈 수 있습니다.
주님, 감사합니다.

14 내가 주께 감사하옴은 나를 지으심이 심히 기묘하심이라
   주께서 하시는 일이 기이함을 내 영혼이 잘 아나이다
15 내가 은밀한 데서 지음을 받고
   땅의 깊은 곳에서 기이하게 지음을 받은 때에
   나의 형체가 주의 앞에 숨겨지지 못하였나이다

16 내 형질이 이루어지기 전에 주의 눈이 보셨으며
　　나를 위하여 정한 날이 하루도 되기 전에
　　주의 책에 다 기록이 되었나이다
17 하나님이여 주의 생각이 내게 어찌 그리 보배로우신지요
　　그 수가 어찌 그리 많은지요

주님, 감사합니다.
진흙 같은 저를 어쩜 이렇게 아름답게 지으셨는지요.
제 안에 있는 주님의 형상을 느낄 때마다
주님의 솜씨가 그저 놀랍고 신비롭습니다.

어머니가 저를 알아채기 전에
이미 주님은 저의 존재를 알고 계셨고
저의 모습이 확인되기 전에
이미 주님은 저를 보고 계셨죠.

제가 태어난 날, 운명 같은 삶을 이미 완벽하게 준비하신 주님.
저를 향하신 주님의 계획이 어찌 이리 놀랍고 아름다운지요.
저를 위해 준비하신 주님의 계획이 어찌 그리 크고 많은지요.
주님의 계획을 듣고 있으면 숨이 멎을 정도입니다.

주님, 이제 저의 신세를 한탄하며 세월을 낭비하지 않겠습니다.
왜 저를 이렇게 지으셨냐고 따져 묻지 않겠습니다.
왜 이런 가정에 태어나게 하셨냐고
왜 이런 사람을 만나게 하셨냐고
왜 저는 이것밖에 안 되냐고
하나님을 원망하지 않겠습니다.
제 안에 있는 하나님의 놀라운 형상을 바라보겠습니다.
저를 향한 하나님의 놀라운 계획을 붙들겠습니다.

제가 아무리 부족하고 원수의 공격이 심해도,
여전히 상황이 좋지 않고 실패한 것처럼 보여도
그래도 저를 향한 하나님의 뜻은
하나도 빠짐없이 완벽하게 이루어지게 될 것을 믿습니다.
그 누구도 하나님을 막을 수 없습니다.

저를 지으시고 제 삶을 인도하시는
예수님의 이름으로 기도드립니다. 아멘.

26장 시편 140-145편
연약한 저를 도와주시옵소서

140편

¹² 내가 알거니와 여호와는 고난 당하는 자를 변호해주시며
 궁핍한 자에게 정의를 베푸시리이다

어려움 당한 자의 변호사가 되어주시고
모든 사람이 사람답게 살아가도록 도와주시는 주님.

오늘도 고난 가운데 하소연할 곳조차 없는
자녀들의 억울함을 풀어주시고,
벌이는 적고 빚에 쪼들리는 당신의 자녀들에게
살아갈 힘을 주시옵소서.

고난에서 벗어나는 것 정도가 아니라
고난당한 자들을 돕는 삶이 되게 하시고
가난에서 벗어나는 정도가 아니라
가난한 자들을 섬기며 살게 해주시옵소서.

143편

8 아침에 나로 하여금 주의 인자한 말씀을 듣게 하소서
　내가 주를 의뢰함이니이다
　내가 다닐 길을 알게 하소서
　내가 내 영혼을 주께 드림이니이다

주님, 아침에 눈을 떴을 때
사랑하는 주님의 음성을 가장 먼저 듣기 원합니다.

내가 너를 사랑한다고
너는 나의 귀한 자녀라고
오늘도 내가 너와 함께할 거라고
너의 걸음을 내가 인도할 거라고
십자가를 통해 말씀하시는 주님의 음성을 들려주시옵소서.

145편

¹ 왕이신 나의 하나님이여

　내가 주를 높이고 영원히 주의 이름을 송축하리이다

² 내가 날마다 주를 송축하며 영원히 주의 이름을 송축하리이다

왕이신 하나님,
제가 주님을 높여드리고
제 영혼이 주님의 이름을 찬양합니다.

이른 새벽 주의 크신 능력을 찬양하고
늦은 밤 주의 넓은 사랑을 찬양합니다.
온종일 주의 아름다움을 노래하며
영원히 주의 선하심을 노래하겠습니다.

왕이신 나의 하나님,
높임을 받아주시옵소서.

⁸ 여호와는 은혜로우시며 긍휼이 많으시며

　노하기를 더디 하시며 인자하심이 크시도다

⁹ 여호와께서는 모든 것을 선대하시며

　그 지으신 모든 것에 긍휼을 베푸시는도다

주님, 주님 같은 분은 없습니다.
아무리 주님을 찬양해도 부족할 뿐입니다.

아무런 자격 없는 저를 십자가로 구원하시고,
새끼 고양이처럼 연약한 저를 귀히 여겨주셨습니다.
수없이 넘어져도 처음처럼 대해주시고
가장 따뜻한 눈으로 바라봐 주셨습니다.
무엇을 하든 좋게 봐주시고
무슨 일을 하든 긍휼히 여겨주셨습니다.

주님,
주님의 그 크신 사랑을 어찌 다 갚을 수 있겠습니까.
감사하고, 감사하고, 또 감사합니다.

14 여호와께서는 모든 넘어지는 자들을 붙드시며
  비굴한 자들을 일으키시는도다

주님, 일곱 번 넘어져도 다시 일어설 수 있는 것은
주님께서 저를 붙드시기 때문입니다.
아무리 비참한 상황에서도
포기하지 않을 수 있었던 것은

주님의 손이 저를 붙드셨기 때문입니다.

다시 시작할 수 있는 은혜를 베푸시고
또 한 번의 기회를 허락하시는 주님,
주님께서 저를 포기하지 않으시기에
저도 저를 포기하지 않겠습니다.
십자가의 주님 의지하며
부활의 주님과 일어서겠습니다.
소망의 주님을 바라보겠습니다.

18 여호와께서는 자기에게 간구하는 모든 자
  곧 진실하게 간구하는 모든 자에게 가까이하시는도다

아름다운 언어가 아니어도
조리 있는 말이 아니어도
언제든지 "주님" 하고 부르면
자녀라는 이유 하나 때문에 달려오시는 주님.

애타게 부르짖는 자녀들에게 가까이 다가와 주시고
가장 좋은 것으로 응답해주시옵소서.

19 그는 자기를 경외하는 자들의 소원을 이루시며
　또 그들의 부르짖음을 들으사 구원하시리로다
20 여호와께서 자기를 사랑하는 자들은 다 보호하시고
　악인들은 다 멸하시리로다

주님을 경외하는 자들의 소원을 이루어주시고
주님을 사랑하는 자들의 부르짖음을 들으시며
주님을 사모하는 자들을 구원하시는 주님.

주님께 무릎 꿇은 저들의 소원을 들어주시고,
간절하게 부르짖는 기도에 응답해주시옵소서.
오늘 주님께서 역사해주시옵소서.

죄와 사망, 가난과 저주,
질병과 고통으로부터 건져주시옵소서.
묶임을 풀어주시고, 사슬은 끊어주시며,
어둠은 멸하여 주시옵소서.

길이 없는 곳에 길을 내시고
빛이 없는 곳에 빛이 되시며
모든 막힌 담을 허물어주시옵소서.

성령의 바람을 불어주시고
마음의 소원을 이루어주시옵소서.

가장 좋은 때에 가장 좋은 것으로
응답하실 주님을 찬양합니다.

저의 기도에 응답하기를 원하시는
예수님의 이름으로 기도드립니다. 아멘.

27장 시편 146-150편

모든 것 위에 뛰어나신 주님, 찬양을 받아주시옵소서

146편

5 야곱의 하나님을 자기의 도움으로 삼으며
 여호와 자기 하나님에게 자기의 소망을 두는 자는 복이 있도다

주님, 주님께서 허락하신 삶을 잘 살아내고 싶습니다.
행복해지고 싶고, 성공하고 싶습니다.
후회 없이 살고 싶습니다.

그렇기에 소중한 저의 삶을
한 치 앞도 모르는 사람들의 말에 내맡기지 않겠습니다.
싸움꾼 야곱을 승리자 이스라엘로 바꾸신 주님께
제 삶을 맡기겠습니다.

지극히 높으신 주님을 의지하고

주님의 다스림을 받고 주님을 따라갈 때

참된 행복이 있고 진정한 성공이 있음을 믿습니다.

7 억눌린 사람들을 위해 정의로 심판하시며

　주린 자들에게 먹을 것을 주시는 이시로다

　여호와께서는 갇힌 자들에게 자유를 주시는도다

8 여호와께서 맹인들의 눈을 여시며

　여호와께서 비굴한 자들을 일으키시며

　여호와께서 의인들을 사랑하시며

9 여호와께서 나그네들을 보호하시며

　고아와 과부를 붙드시고

　악인들의 길은 굽게 하시는도다

주님,

억울한 자, 답답한 자, 억눌린 자들의

손을 들어주시니 감사합니다.

먹을 것에 굶주리고 인정에 굶주리고

사랑에 굶주린 자를 배부르게 하시니 감사합니다.

상처에 갇혀 있고 사람에 갇혀 있고

종교에 갇혀 있는 자에게 자유를 주시니 감사합니다.
몸이 병들고 마음이 병들고 영혼까지 병든 자들을
깨끗하게 치유하시니 감사합니다.
사업에 실패하고 결혼에 실패하고 인생에 실패한 자들을
다시 일으켜 세워주시니 감사합니다.

147편

3 상심한 자들을 고치시며 그들의 상처를 싸매시는도다
4 그가 별들의 수효를 세시고
   그것들을 다 이름대로 부르시는도다
5 우리 주는 위대하시며 능력이 많으시며
   그의 지혜가 무궁하시도다

주님,
마음이 상한 자들을 고쳐주시니 감사합니다.
그들의 아픔을 싸매시니 감사합니다.
수없이 많은 밤하늘의 별들조차
그 이름을 하나하나 부르시는 세심한 사랑으로
저를 사랑해주셔서 감사합니다.

온 우주로도 담을 수 없으며

그 힘을 당할 자 없고
모르는 것이 없으신 주님께서
제 안에 계셔서 제 삶을 인도하시니
주님, 감사합니다.

10 여호와는 말의 힘이 세다 하여 기뻐하지 아니하시며
　사람의 다리가 억세다 하여 기뻐하지 아니하시고
11 여호와는 자기를 경외하는 자들과
　그의 인자하심을 바라는 자들을 기뻐하시는도다

주님은 힘이 세다고 기뻐하는 분이 아니시고
능력이 뛰어나다고 감동하는 분도 아니십니다.

주님은 순전하게 예배하는 자를 기뻐하시고
상한 마음으로 엎드리는 자를 사랑하시며
삶이 곧 예배인 자에게 감동하십니다.

주님,
제가 하나님을 감동시키는 예배자가 되기를 원합니다.
저를 받아주시옵소서.

13 그가 네 문빗장을 견고히 하시고
　네 가운데에 있는 너의 자녀들에게 복을 주셨으며
14 네 경내를 평안하게 하시고 아름다운 밀로 너를 배불리시며

주님,
상처 주는 말에 흔들리지 않게 하시니 감사합니다.
사랑하는 자녀들에게 복을 주시고
이렇게 멋지게 자라나게 하시니 감사합니다.

집안을 평안하게 하시고
가정을 넉넉하게 채워주시니 감사합니다.
모든 것이 하나님의 은혜입니다.

149편

4 여호와께서는 자기 백성을 기뻐하시며
　겸손한 자를 구원으로 아름답게 하심이로다
5 성도들은 영광 중에 즐거워하며
　그들의 침상에서 기쁨으로 노래할지어다

주님께서 저를 기뻐하시고
주님께서 저를 아름답게 하시니

제 영혼이 주님을 찬양합니다.

침대에 누워서도 주님을 즐거워하며
잠을 자는 동안에도 주님을 찬양하겠습니다.
잠결에라도 주님의 이름을 부르고
꿈속에서도 주님을 높이겠습니다.

150편

2 그의 능하신 행동을 찬양하며
　그의 지극히 위대하심을 따라 찬양할지어다

세상을 구원하기 위해 이 땅에 오시고
십자가에 달리신 주님을 찬양합니다.
모든 이름 위에 뛰어나신 주님께
모든 것을 드려 찬양합니다.

6 호흡이 있는 자마다
　여호와를 찬양할지어다 할렐루야

살아 숨 쉬는 모든 것이
주님의 아름다움을 노래하듯이

제 영혼이 주님을 찬양합니다.

주님, 사랑합니다.

주님, 높여드립니다.

찬양을 받으시기에 합당하신
예수님의 이름으로 기도드립니다. 아멘.

28장 잠언 1-10장

성공한 삶을 살게 해주시옵소서

1장

7 여호와를 경외하는 것이 지식의 근본이거늘
  미련한 자는 지혜와 훈계를 멸시하느니라

사랑하는 주님,
제가 어리석은 자같이 하나님을 멀리하지 않게 해주시옵소서.
하나님을 경외하는 마음으로 주님의 말씀에 귀 기울이게 하시고,
주님의 보좌 앞에 겸손히 엎드리는 삶이 되게 해주시옵소서.

인생을 살아가는 데 가장 중요한 것은
하나님을 경외하는 마음으로 살아가는 것입니다.
이 진리를 평생 기억하며 살게 해주시고,

자녀들에게도 이 진리를 가르치게 해주시옵소서.

3장

5 너는 마음을 다하여 여호와를 신뢰하고
　네 명철을 의지하지 말라
6 너는 범사에 그를 인정하라 그리하면 네 길을 지도하시리라

하나님, 경험과 지식이 아무것도 아닌 것은 아니지만,
제 삶의 경험이나 제가 아는 지식보다
언제나 하나님이 훨씬 더 크시다는 것을
기억하며 살게 해주시옵소서.

언제나 하나님의 크심을 인정하며
하나님의 음성에 귀 기울이고
하나님의 인도하심을 받는 삶을 살아가게 해주시옵소서.
그렇게 사는 것이 가장 잘 사는 삶인 것을
주님, 제가 믿습니다.

제 인생의 마지막에 후회가 남지 않도록
주님을 만나게 되는 그날 주님 앞에 부끄럽지 않도록
주님, 오늘도 주님을 신뢰하는 믿음으로 살아가게 해주시옵소서.

주님, 오늘도 주님의 음성에 귀 기울입니다.
제게 말씀하여 주시옵소서.
제가 순종하겠습니다.

9 네 재물과 네 소산물의 처음 익은 열매로 여호와를 공경하라
10 그리하면 네 창고가 가득히 차고
　　네 포도즙 틀에 새 포도즙이 넘치리라

하나님, 제가 얻은 모든 소득은 하나님께서 주신 것입니다.
하나님께서 건강을 주셔야 일도 할 수 있고
하나님께서 지혜를 주셔야 아이디어도 낼 수 있습니다.
제가 얻은 모든 소득은 하나님께서 주신 것입니다.

주님, 제게 주신 물질로
먼저 하나님의 영광을 위해 사용하겠습니다.
쓰고 남는 것이 아니라
가장 먼저, 가장 좋은 것으로 하나님을 섬기겠습니다.
하나님의 나라를 위해 물질을 사용하겠습니다.
하나님의 선하심을 드러내는 일에 물질을 사용하겠습니다.

주님, 손대는 일마다 풍성한 열매를 맺게 하시고

시작한 일마다 잘되게 해주시옵소서.
날마다 수입이 늘어나게 하시고
통장의 잔고가 넘쳐나게 해주시옵소서.

4장

8 그를 높이라 그리하면 그가 너를 높이 들리라
   만일 그를 품으면 그가 너를 영화롭게 하리라

주님, 주님께서 제 삶을 높여주셨기에
저는 주님을 높여드리는 삶을 살겠습니다.
제 삶을 아름답게 만들어 가실 주님을 신뢰하며
언제나 하나님의 말씀을 가슴에 품고 살아가겠습니다.

날마다 기도하며 걸어가겠습니다.
오늘도 주님의 임재 안에 거하겠습니다.
저는 하나님의 일을 하고 하나님께서는 제 일을 하시는
근사한 삶을 살아가겠습니다.

18 의인의 길은 돋는 햇살 같아서
    크게 빛나 한낮의 광명에 이르거니와

빛 되신 주님,
사람들은 힘들다고 하고 어렵다고 하고,
전문가들은 내일 더 어두워질 거라고 말해도
제 삶은 점점 더 빛나게 될 것을 믿습니다.

햇살처럼 돋아나게 하시고
한낮의 빛처럼 크게 빛나게 하시는 주님.
시간이 지날수록 제 삶은 모든 면에서 점점 더 좋아질 것입니다.
하나님께서 점점 더 좋게 하실 것을 믿습니다.

날마다 좋은 일이 생길 것입니다.
오늘도 좋은 일이 가득할 것입니다.
주님, 감사합니다.

23 모든 지킬 만한 것 중에 더욱 네 마음을 지키라
   생명의 근원이 이에서 남이니라

하나님,
더러운 생각이 제 마음에 틈타지 못하도록
부정적인 생각이 제 마음에 들어오지 못하도록
패배 의식이 제 마음에 자리 잡지 못하도록

제 마음의 빗장을 굳게 걸어 잠그겠습니다.

좋은 생각만 하겠습니다.
희망을 주는 생각만 하겠습니다.
살리는 생각만 하겠습니다.

주님, 생각의 싸움에서 이기게 하시고
전쟁터와 같은 제 머릿속을 고요하게 해주시옵소서.
맑은 정신으로 살아가게 해주시옵소서.
생명력이 넘쳐나는 삶이 되게 해주시옵소서.

5장

18 네 샘으로 복되게 하라 네가 젊어서 취한 아내를 즐거워하라
19 그는 사랑스러운 암사슴 같고 아름다운 암노루 같으니
　 너는 그의 품을 항상 족하게 여기며 그의 사랑을 항상 연모하라

주님, 우리 가정의 주인은 하나님이십니다.
깨어진 가정이 얼마나 우리를 고통스럽게 하는지 잘 알기에
하나님께서 맺어주신 아내와(남편과)
평생 행복하게 살아가는 복을 주시옵소서.
하나님께서 허락하신 아내를(남편을) 소중히 여기며 살겠습니다.

아내와 (남편과) 함께하는 시간을

즐거운 시간으로 만들기 위해 노력하겠습니다.

가장 사랑스러운 눈빛으로 아내를 (남편을) 바라보겠습니다.

세월이 흐를 수록 더 아름다워지도록 가꿔주겠습니다.

아내 (남편)의 헌신과 사랑을 당연히 여기지 않겠습니다.

난잡한 성생활로 가정을 망가뜨리고

아내와 (남편과) 자녀의 인생을 망치지 않겠습니다.

화목한 부부생활이 건강하고 행복한 삶의 기초임을

기억하며 살겠습니다.

저의 연약함을 잘 아시는 주님.

도와주시옵소서.

6장

10 좀더 자자, 좀더 졸자, 손을 모으고 좀더 누워 있자 하면

11 네 빈궁이 강도같이 오며 네 곤핍이 군사같이 이르리라

주님, 가난하게 사는 것을 당연하게 여기지 않겠습니다.

가난한 사람을 무시하지 않되, 부자를 미워하지도 않겠습니다.

부유한 삶을 꿈꾸고, 나누는 삶을 살아가겠습니다.

빌리는 삶이 아니라, 빌려주는 삶을 살아가겠습니다.

일찍 자고 일찍 일어나겠습니다.
분명한 목표를 가지고 살아가겠습니다.
오늘 하루도 성실하게 살아가겠습니다.
열정적으로 시간을 보내겠습니다.
주님, 도와주시옵소서.

8장

17 나를 사랑하는 자들이 나의 사랑을 입으며
　나를 간절히 찾는 자가 나를 만날 것이니라

사랑하는 주님,
오늘도 주님의 사랑이 제게 가득합니다.

제가 주님을 부를 때마다 언제나 저를 만나주시고
제가 도움을 요청할 때마다 거절하지 않으시는
주님이 계셔서 얼마나 다행인지 모릅니다.

주님, 제가 주님을 사랑합니다.
주님을 의지합니다.

9장

10 여호와를 경외하는 것이 지혜의 근본이요
　거룩하신 자를 아는 것이 명철이니라

지혜로운 삶은
처음과 끝을 알고 계신 하나님을 경외하는 것입니다.
통찰력이 있는 삶은
거룩하신 주님처럼 어디에도 매이지 않는 삶입니다.

주님, 제게 하나님을 경외하는 마음을 주시고
거룩하신 주님을 날마다 더 깊이 알아가는
삶이 되게 해주시옵소서.

한 번뿐인 인생을 잘 살고 싶습니다.
잘 살아내고 싶습니다.
주님, 도와주시옵소서.

10장

22 여호와께서 주시는 복은 사람을 부하게 하고
　근심을 겸하여 주지 아니하시느니라

하나님, 하나님께서 베풀어주시는 물질은
근심이 없는 물질입니다.
주님, 제게 물질의 복도 주시고 평강의 복도 주시옵소서.
근심에 빠져 살아가는 부자가 아니라
평강을 누리는 부자가 되게 해주시옵소서.

손가락질받는 부자가 아니라
존경받는 부자가 되게 해주시옵소서.
근심에 찌든 얼굴이 아니라
바라보는 사람의 기분마저 좋아지게 하는
환한 미소를 가진 삶이 되게 해주시옵소서.

제 삶의 근원 되시는
예수님의 이름으로 기도드립니다. 아멘.

29장　잠언 11-17장

행복한 삶을
살게 해주시옵소서

11장

1 속이는 저울은 여호와께서 미워하시나
　공평한 추는 그가 기뻐하시느니라

사랑하는 주님,

저에게 가장 큰 두려움은 바로 하나님께 미움받는 것입니다.

하나님께 미움받는 것보다 더 큰 두려움은 제게 없습니다.

주님, 저는 하나님을 기쁘시게 하는 삶을 살고 싶습니다.

사람들의 시선이 바로 하나님의 시선이라는 것을

기억하게 해주시옵소서.

손해가 나는 상황에서도 진실의 편에 설 수 있는

용기를 주시옵소서.

아무도 보는 이 없는 곳에서 하는 저의 모든 말과 선택을
주님께서 지켜보신다는 것을 기억하며
거룩하고 진실한 삶을 살게 해주시옵소서.

14장
26 여호와를 경외하는 자에게는 견고한 의뢰가 있나니
　그 자녀들에게 피난처가 있으리라
27 여호와를 경외하는 것은 생명의 샘이니
　사망의 그물에서 벗어나게 하느니라

주님, 제가 강한 믿음의 사람이 되는 것,
사랑하는 우리의 자녀들에게 피할 길을 내는 것은
바로 우리 하나님을 경외하는 것임을 고백합니다.

우리 주님을 경외할 때
어둠의 영이 떠나가고 생명의 빛이 비쳐오는 줄 믿습니다.

주님, 제 삶의 자리가
영원한 생명 샘이 넘치는 우물이 되게 해주시옵소서.

오늘도 두렵고 떨리는 마음으로 주님 앞에 섭니다.
엄위하신 하나님 앞에 경외함으로 엎드립니다.
주님, 지켜주시옵소서.

32 악인은 그의 환난에 엎드러져도
　　의인은 그의 죽음에도 소망이 있느니라

하나님이 없는 사람은
조그만 어려움에도 쓰러지고 넘어지지만
하나님을 의지하는 자는
죽음 앞에서도 소망을 품게 됩니다.

하나님, 인생의 고난 앞에서
하나님이 없는 자처럼 절망하지 않게 하시고
저와 동행하시는 하나님을 기억하며
일곱 번 넘어져도 여덟 번 일어 설 수 있는
용기와 소망을 품게 해주시옵소서.

어떤 위기의 순간에도
소망을 고백할 수 있는 믿음을 주시옵소서.

15장

13 마음의 즐거움은 얼굴을 빛나게 하여도
　마음의 근심은 심령을 상하게 하느니라

하나님, 우리의 삶이
우리의 마음에 달려 있음을 기억합니다
마음이 즐거우면 얼굴이 환하게 빛이 나지만
마음에 근심이 가득하면 영혼까지 흔들리게 됩니다.

오늘도 마귀는 우리의 마음에 근심의 씨앗을 뿌려대지만
저는 제 마음에 하나님의 말씀에 씨앗을 뿌리겠습니다.
기도의 씨앗을 뿌리겠습니다.
소망의 씨앗을 뿌리겠습니다.

영혼이 흔들릴 때까지
제 마음을 그냥 방치해 두지 않겠습니다.
마음을 잘 가꾸고 관리해서
얼굴에 생기가 도는 삶을 살겠습니다.
주님, 도와주시옵소서.

16장

3 너의 행사를 여호와께 맡기라
  그리하면 네가 경영하는 것이 이루어지리라

주님, 오늘도 저의 하루를 주님께 맡겨 드립니다.
저의 일터를 주님께 맡겨 드립니다.
저의 가정을 주님께 맡겨 드립니다.
저의 계획을 주님께 맡겨 드립니다.

가장 확실하게 성공하는 방법은 하나님께 맡기는 것입니다.
하나님께서 일하시는 것보다 더 확실한 방법이 없습니다.

주님, 오늘도 저의 모든 일을 주님께 맡겨 드립니다.
주님께서 이루실 일들을 저는 바라보겠습니다.
주님, 오늘도 마음껏 역사해주시옵소서.

7 사람의 행위가 여호와를 기쁘시게 하면
  그 사람의 원수라도 그와 더불어 화목하게 하시느니라
8 적은 소득이 공의를 겸하면
  많은 소득이 불의를 겸한 것보다 나으니라
9 사람이 마음으로 자기의 길을 계획할지라도

그의 걸음을 인도하시는 이는 여호와시니라

주님, 오늘도 하나님께서 좋아하시는 것만 하겠습니다.
하나님께서 기뻐하시는 일만 하겠습니다.
더 많은 이익을 얻기 위해 사람을 속이지 않겠습니다.
정직하게 번 돈을 소중히 여기겠습니다.

저의 계획을 이루어주시는 분은 하나님이십니다.
저의 걸음을 인도해주시는 분은 하나님이십니다.
제 삶을 축복해주시는 분은 하나님이십니다.

하나님께서 인도해주시는 길이 가장 좋은 길이고
하나님께서 인도해주시는 길이 가장 안전한 길이고
하나님께서 인도해주시는 길이 가장 복된 길인 줄 믿습니다.

주님, 저는 주님만 의지하며 주님만 따라가겠습니다.
주님, 인도해주시옵소서.

18 교만은 패망의 선봉이요
　　거만한 마음은 넘어짐의 앞잡이니라

하나님이 필요 없다고 말하고
하나님을 의지하지 않는 삶이야말로
멸망하는 길이고 파멸하는 길입니다.
가장 빠르게 무너지는 길입니다.

주님, 저는 오늘도 겸손히 주님을 의지합니다.
제가 잘 살 수 있는 방법은 하나님밖에 없습니다.
제가 다시 일어설 수 있는 길은 하나님뿐입니다.
주님, 저는 주님이 필요합니다.
저를 도와주시옵소서.

32 노하기를 더디하는 자는 용사보다 낫고
   자기의 마음을 다스리는 자는 성을 빼앗는 자보다 나으니라

주님, 제가 싸워야 할 사람이 아닌 사람과 싸우고
이겨서는 안 될 사람들을 이기려 했습니다.
따뜻하게 대해야 할 사람들에게 화를 내고 다그쳤습니다.

주님, 진정한 용사는 싸워 이기는 사람이 아니라
싸울 일을 만들지 않는 사람입니다.

진정한 성공은 사람을 다스리는 것이 아니라
자신을 다스리는 것입니다.

주님, 자녀와 싸우지 않게 하시고
배우자를 이기려 하지 않게 해주시옵소서.
교회에서 자신의 목소리를 키우는
어리석은 자가 되지 않게 해주시옵소서.

분노를 다스릴 수 있는 용맹함을 주시고
마음을 다스려 승리를 얻게 해주시옵소서.

17장

1 마른 떡 한 조각만 있고도 화목하는 것이
   제육이 집에 가득하고도 다투는 것보다 나으니라

몇십만 원짜리 식사를 하고
몇천만 원짜리 침대에서 잠을 잔들
미워하는 사람의 얼굴을 보며 식사를 해야 하고
괴로운 마음으로 침대에 누워야 한다면
그것이 무슨 축복이겠습니까.

주님, 삶의 행복은 많은 소유가 아니라
좋은 관계에 있습니다.

사랑하는 사람과 사이좋게 지내는 은혜를 주시고
사랑하는 사람과 화목하게 지내는 지혜를 주시옵소서.
사람들에게 사랑받고 사람들을 사랑하는 복을 내려주시옵소서.

복의 근원이 되시는
예수님의 이름으로 기도드립니다. 아멘.

30장 잠언 17-22장

능력 있는 삶을 살게 해주시옵소서

17장

22 마음의 즐거움은 양약이라도
   심령의 근심은 뼈를 마르게 하느니라

사랑하는 주님,
긍정적으로 생각하고 낙천적으로 사는 사람은
건강한 삶을 살아가지만
부정적이고 우울한 생각은 우리의 몸을 병들게 합니다.

주님, 이제 선하신 주님을 더 자주 묵상하겠습니다.
하나님께서 제 삶을 인도해 가심을 믿고
긍정적으로 삶을 해석하겠습니다.

좋은 생각을 더 많이 하고
좋은 상상을 더 자주 하겠습니다.

18장

10 여호와의 이름은 견고한 망대라
　의인은 그리로 달려가서 안전함을 얻느니라

누구든지 예수의 이름으로 구하라 하시고
무엇이든지 예수의 이름으로 구하면
응답하시겠다 약속하신 주님.

주님의 이름은 제 인생의 마스터키입니다.
모든 닫힌 문을 여는 것이 주님의 이름입니다.

주님의 이름 앞에 사단이 무릎 꿇고
주님의 이름 앞에 마귀가 벌벌 떱니다.
예수의 이름으로 명할 때
모든 것이 제자리를 찾게 됩니다.

그 이름의 비밀을 알게 하시고
그 이름의 능력을 알게 하시니

주님, 감사합니다.

14 사람의 심령은 그의 병을 능히 이기려니와
　심령이 상하면 그것을 누가 일으키겠느냐

믿는 자에게 능치 못함이 없다 하신 주님,
언제나 믿음대로 될 것입니다.
할 수 있다고 믿으면 할 수 있고,
할 수 없다고 믿으면 할 수 없습니다.

주님, 저는 주님의 능력을 믿습니다.
기도의 능력을 믿습니다.
오늘도 기적이 일어날 수 있다고 저는 믿습니다.

의사가 고칠 수 없다 해도 주님은 고치실 수 있습니다.
사람들은 불가능하다 해도 주님은 가능합니다.

우리 안에 있는 모든 두려움을 몰아내시고
하나님을 믿는 믿음으로 가득 채워주시옵소서.
믿음이 무너지면 어떻게 다시 일어설 수 있겠습니까.
주님, 믿음을 지켜주시옵소서.

19장

17 가난한 자를 불쌍히 여기는 것은
　여호와께 꾸어드리는 것이니
　그의 선행을 그에게 갚아주시리라

주님, 늘 주님께 받기만 했는데
주님께 꾸어드리는 삶을 살 수 있다니 너무 놀랍습니다.

이제 가난한 자들을 보면서
'열심히 살지 않아서 저런 거야'
'얼마나 게으르면 저렇게 살까' 하며
　그들의 삶을 판단하지 않겠습니다.

'그럴만한 이유가 있겠지'
'얼마나 힘들었을까'
　공감하겠습니다.
저들의 필요에 관심을 가지고 구체적으로 돕겠습니다.
늘 주님께 빚진 마음이었는데,
이제 주님께 빚 갚는 심정으로 살겠습니다.

21장

5 부지런한 자의 경영은 풍부함에 이를 것이나
　조급한 자는 궁핍함에 이를 따름이니라

주님, 성실이 뒷받침되지 않은 채 어떻게 성공할 수 있겠습니까.
늘 쫓기듯이 허둥지둥 살면서 어떻게 나누며 살 수 있겠습니까.

주님께서 허락하신 삶을 주도적으로 살아가게 하시고
적극적으로 살아내게 해주시옵소서.
앞서 생각하고 먼저 움직이게 해주시옵소서.

31 싸울 날을 위하여 마병을 예비하거니와
　이김은 여호와께 있느니라

주님, 준비할 때는 게으르다가 결과를 기다릴 때는 후회하는
어리석은 자가 되지 않게 해주시옵소서.
준비할 때는
모든 것이 제 손에 달린 것처럼 최선을 다해 준비하게 하시고
결과를 기다릴 때는
모든 것이 하나님의 손에 달린 것처럼 온전히 맡길 수 있는
겸손한 마음을 주시옵소서.

22장

6 마땅히 행할 길을 아이에게 가르치라
　그리하면 늙어도 그것을 떠나지 아니하리라

하나님을 사랑하고 하나님을 경외하는 것.
언제나 먼저 하나님을 예배하는 것.
부모를 공경하고 이웃을 존중하며
남의 것을 탐하지 않는 것.
자기 자신을 사랑할 줄 아는 것.
하나님께서 허락하신 삶을 사랑하는 것.

주님, 사랑하는 우리의 자녀들이
어릴 때부터 믿음의 길을 배워
평생 믿음의 길을 걸어가는 은혜를 주시옵소서.

무엇이 옳은 길인지 방황하게 하는 세상에서
헤매지 않는 삶이 되게 해주시옵소서.

9 선한 눈을 가진 자는 복을 받으리니
　이는 양식을 가난한 자에게 줌이니라

선하신 주님,

먹을 것이 없는 자들에게 먹을 것을 나누고

입을 것이 없는 자들에게 입을 것을 나누고

배울 수 없는 자들에게 배움을 나누는

선한 삶을 사는 자들을 축복해주신다 하시니 감사합니다.

이 땅에 나누고 베푸는 삶을 통해

하나님의 복을 받는 사람들이 더 많아지게 해주시옵소서.

제가 그 복을 받게 해주시옵소서.

11 마음의 정결을 사모하는 자의 입술에는 덕이 있으므로
   임금이 그의 친구가 되느니라

순수한 마음을 가진 사람, 단순한 마음으로 사는 사람은

말 한마디를 해도 남다른 힘이 느껴집니다.

누구라도 다 그의 친구가 되고 싶어 합니다.

주님,

제게 단순한 마음과 아름다운 말의 능력을 주시옵소서.

정결함에서 오는 매력을 주시고

단순함에서 풍기는 힘을 주시옵소서.

²⁹ 네가 자기의 일에 능숙한 사람을 보았느냐
　　이러한 사람은 왕 앞에 설 것이요
　　천한 자 앞에 서지 아니하리라

주님, 사랑하는 우리 자녀들이 무엇을 하든
자신이 하는 일에 탁월해지게 해주시옵소서.
누구 앞에서도 당당하게 자신의 능력을 발휘하는
프로가 되게 해주시옵소서.
언제나 찾는 사람이 많고 불러주는 곳이 많은
자녀들이 다 되게 해주시옵소서.

삶의 능력과 지혜가 되시는
예수님의 이름으로 기도드립니다. 아멘.

31장 잠언 24-25장

위대하게 쓰임 받는 삶을
살게 해주시옵소서

24장

1 너는 악인의 형통함을 부러워하지 말며
  그와 함께 있으려고 하지도 말지어다

주님,
수단과 방법을 가리지 않고 무조건 돈만 벌면 된다는 사람을
부러워하지 않게 하시고 어울리지 않게 하시고
시험에 들지도 않게 해주시옵소서.

그렇게 쌓은 인생은 하루아침에 무너질 것입니다.
저는 주님께 쓰임 받는 사람이 부럽고
주님께 쓰임 받는 이들과 함께하겠습니다.

5 지혜 있는 자는 강하고 지식 있는 자는 힘을 더하나니
6 너는 전략으로 싸우라 승리는 지략이 많음에 있느니라

주님, 제가 여기까지 온 것은 저 혼자 잘나서가 아닙니다.
지혜로운 멘토와 역량 있는 동역자가 함께했기 때문입니다.

주님, 제게 사람을 끄는 매력을 주시되
다른 사람의 말에 귀 기울이는 겸손한 마음도 함께 주셔서
끝까지 쓰임 받게 해주시옵소서.

16 대저 의인은 일곱 번 넘어질지라도 다시 일어나려니와
　악인은 재앙으로 말미암아 엎드러지느니라

주님, 자기 힘을 의지하는 자는
자신의 한계를 직면할 때 반드시 후회하게 됩니다.
주님, 저는 제 힘으로 살지 않고 하나님을 의지하며 살겠습니다.

수없이 넘어져도 다시 일어서는 끈기는
주님께서 주시는 것입니다.
그 끈기를 제게 주시옵소서.

33 네가 좀더 자자, 좀더 졸자,

　손을 모으고 좀더 누워 있자 하니
34 네 빈궁이 강도같이 오며 네 곤핍이 군사같이 이르리라

젊은 날 하루 종일 방에서 빈둥거리고
게임에 빠져 PC방에서 밤을 새우고
친구들과 놀러 다니는 것이 좋아 보여도
조금만 지나고 보면 알게 됩니다.
게으름 때문에 가난에 쪼들리고
돈 때문에 사랑하는 이에게 상처를 주고 있을 때 깨닫게 되겠죠.

주님, 저는 지금부터 열심히 살겠습니다.
제게 재물 얻을 능력을 주신 주님을 신뢰하며
부지런히 공부하고 성실하게 일하겠습니다.

원하는 것을 원하는 때에 원하는 곳에서
원하는 사람과 함께하기 위해 성실하게 준비하겠습니다.

25장
11 경우에 합당한 말은 아로새긴 은쟁반에 금 사과니라

주님, 제 입술에 은혜를 주시옵소서.
분위기 파악을 못 하고 분위기를 깨는 말이 아니라
분위기에 어울리는 말을 하고
말 한마디로 분위기를 바꿀 수 있는 지혜를 주시옵소서.

다른 사람을 험담하는 달콤한 유혹에서 지켜주시고,
두고두고 기억에 남고 가슴에 새겨지는 말을 하는
은혜를 주시옵소서.

13 충성된 사자는 그를 보낸 이에게
　　마치 추수하는 날에 얼음냉수 같아서
　　능히 그 주인의 마음을 시원하게 하느니라

주님, 게으르고 앞뒤가 다른 사람이 아니라
신실하고 믿음직스러운 사람과 함께하는 것은 큰 복입니다.

무슨 일을 해도 믿음이 가고 뭘 해도 믿고 맡길 수 있는 사람을
만나는 복을 주시옵소서.
함께 있는 것만으로 기분이 좋아지는 그런 사람을
만나는 복을 주시옵소서.

주님, 저도 주님께 그런 사람이 되고 싶습니다.
무더운 날 주님의 마음을 시원하게 해드리는
얼음냉수 같은 사람이 되고 싶습니다.
그렇게 주님께 기쁨을 드리고 싶습니다.

15 오래 참으면 관원도 설득할 수 있나니
   부드러운 혀는 뼈를 꺾느니라

주님, 자기 성질대로 해서는 사람의 마음을 얻을 수 없고
하고 싶은 말을 다 해서는 곁에 남을 사람이 없습니다.

나와 성향이 다를지라도 진정성 있게 대하고
말 한마디에도 따뜻한 마음을 담을 수 있는 겸손을 주시옵소서.
그 어떤 고집스러운 마음도 녹일 수 있는
부드러움을 제게 허락해주시옵소서.

21 네 원수가 배고파하거든 음식을 먹이고
   목말라하거든 물을 마시게 하라
22 그리하는 것은 핀 숯을 그의 머리에 놓는 것과 일반이요
   여호와께서 네게 갚아주시리라

주님, 비록 원수일지라도 밥은 먹이고
아무리 미워도 먹을 것은 주라 하시니 순종하겠습니다.

그러나 주님,
원수의 마음까지 감동시키는 것은
제 힘으로 할 수 있는 것이 아닙니다.
주님께서 도와주셔야 합니다.
주님, 도와주시옵소서.

24 다투는 여인과 함께 큰 집에서 사는 것보다
　움막에서 혼자 사는 것이 나으니라

주님, 말이 안 통하는 배우자와
100평짜리 집에서 스테이크를 먹는 것보다
단칸방에서 혼자 라면을 끓여 먹는 것이
더 행복할 것입니다.

배우자를 선택할 때
얼마나 큰 집을 준비했는지보다
얼마나 넓은 마음을 준비했는지
볼 수 있는 안목을 주시옵소서.

함께할 때 더 자주 웃을 수 있는
배우자를 만나는 복을 주시옵소서.

28 자기의 마음을 제어하지 아니하는 자는
　성읍이 무너지고 성벽이 없는 것과 같으니라

주님, 자기 마음을 다스리지 못하는데
어떻게 원하는 것을 얻으며
어떻게 큰일을 감당할 수 있겠습니까.

주님, 마음에 쿠션이 필요합니다.
마음을 다스리는 지혜를 주시고
마음을 얻는 은혜를 주시옵소서.

주님,
주님께 쓰임 받는 것보다 귀한 삶이 어디 있겠습니까.
주님, 저를 써주시옵소서.
마음껏 저를 사용해주시옵소서.
주님께서 언제든지 편하게 쓰실 수 있는 사람이 되고 싶습니다.

무슨 말을 하든, 어떤 일을 하든

주님께 영광을 돌리는 삶이 되게 해주시옵소서.

저희를 부르시고 놀랍게 사용하시는
예수님의 이름으로 기도드립니다. 아멘.

32장 잠언 26-31장

날마다 주님과 동행하는 삶을 살게 해주시옵소서

26장

13 게으른 자는 길에 사자가 있다 거리에 사자가 있다 하느니라

주님, 삶에 대한 열정이 없으면 늘 핑계를 찾습니다.
게으른 자들도 다 그럴만한 이유가 있죠.
하지만 이유가 많으면 삶이 달라질 수 없습니다.
그래서는 아무것도 바꿀 수 없습니다.

주님, 제 삶이 핑계가 아니라
방법을 찾는 삶이 되었으면 좋겠습니다.
도망치고 싶을 때마다 이유를 나열하는 것이 아니라
제 안에 계신 주님의 능력을 믿고

주님과 함께 방법을 찾겠습니다.

주님, 그때마다 제 기도에 귀 기울여 주시고 응답해주시옵소서.

27장

1 너는 내일 일을 자랑하지 말라
　하루 동안에 무슨 일이 일어날는지 네가 알 수 없음이니라

주님, 아직 일어나지 않은 일을 마치 지금 일어난 것처럼
부풀려 자랑하고 싶은 유혹에서 지켜주시옵소서.

다른 사람을 칭찬할 때는 한 박자 빠르게 하되
저에게 좋은 일이 있을 때는 하루 쉬었다가 말하는
지혜를 주시옵소서.

12 슬기로운 자는 재앙을 보면 숨어 피하여도
　어리석은 자들은 나가다가 해를 받느니라

주님, 지금이 기다릴 때인지 도전할 때인지
사리를 분별하는 지혜를 주시옵소서.
아무 생각 없이 습관적으로 살지 않고
저와 동행하시는 주님께 날마다 물어보며 살겠습니다.

17 철이 철을 날카롭게 하는 것같이
　　사람이 그의 친구의 얼굴을 빛나게 하느니라

주님, 함께 있으면
더 멋지게 살고 싶고 더 옳은 삶을 살고 싶고
더 잘 살고 싶게 만드는 그런 친구를 만나는 복을 주시옵소서.
저 친구가 내 친구라고 자랑스럽게 말할 수 있는
좋은 친구를 만나는 복을 주시옵소서.
제가 그런 친구가 되게 해주시옵소서.

28장

1 악인은 쫓아오는 자가 없어도 도망하나
　　의인은 사자같이 담대하니라

주님, 주님을 만나기 전에는 늘 열심히 살아도 불안했습니다.
그러나 주님과 동행하니
알 수 없는 내일이 기대되고 누구를 만나도 당당해집니다.
제게 사자의 심장을 주셔서 감사합니다.

13 자기의 죄를 숨기는 자는 형통하지 못하나
　　죄를 자복하고 버리는 자는 불쌍히 여김을 받으리라

주님, 드러나지 않았다고 없는 것이 아니고,
숨겨졌다고 사라지지 않습니다.
하나님께서 다 보셨고 하나님께서 다 아시기에
뉘우치고 돌이키는 것만이 사는 길입니다.
주님, 저를 불쌍히 여겨주시고
제게 은혜를 베풀어주시옵소서.

25 욕심이 많은 자는 다툼을 일으키나
　여호와를 의지하는 자는 풍족하게 되느니라

주님, 제 삶의 모든 열매는
저의 노력이 아니라 하나님의 은혜입니다.

저의 욕심을 채우기 위해 주변 사람의 진을 빼고
저와 의견이 다르다고 다투고 싸우는 삶이 아니라,
모든 일을 이루실 하나님을 믿고
주변 사람들을 신뢰하고 세워줄 수 있는
넓은 마음을 주시옵소서.

이렇게 주님을 신뢰하며 날마다 주님과 동행하는 것이
진정한 성공임을 믿습니다.

29장

18 묵시가 없으면 백성이 방자히 행하거니와
　 율법을 지키는 자는 복이 있느니라

주님, 복음을 모르는 자들은
하나님이 없어도 얼마든지 잘살 수 있다고 합니다.
그러나 주님,
저는 주님의 은혜가 없이는 아무것도 할 수 없습니다.

저는 날마다 주님을 의지하며 주님과 동행하고
주님의 말씀을 따라 살겠습니다.
그것이 가장 잘 사는 삶이라 믿습니다.

25 사람을 두려워하면 올무에 걸리게 되거니와
　 여호와를 의지하는 자는 안전하리라

주님, 사람들의 시선을 의식하고
사람들의 평가에 신경 쓰기 시작하면
심장이 두근거리고 가슴이 답답해집니다.

저는 사람을 의식하는 불안한 삶이 아니라

주님을 의지하는 안전한 삶을 살겠습니다.
주님과 동행할 때 제 영혼이 가장 안전합니다.

30장

7 내가 두 가지 일을 주께 구하였사오니
　내가 죽기 전에 내게 거절하지 마시옵소서
8 곧 헛된 것과 거짓말을 내게서 멀리하옵시며
　나를 가난하게도 마옵시고 부하게도 마옵시고
　오직 필요한 양식으로 나를 먹이시옵소서

주님, 이 기도는 제가 살아있는 동안 반드시 응답해주시옵소서.
제가 너무 가난해서 늘 돈에 찌들려 살지 않게 하시고
제가 돈이 너무 많아 늘 돈에 빠져 살지 않게 해주시옵소서.

제게 돈을 벌 능력을 주시고 돈을 관리할 능력을 주시옵소서.
적절하게 사는 은혜를 주시고 의미있게 사는 지혜를 주시옵소서.

31장

10 누가 현숙한 여인을 찾아 얻겠느냐
　그의 값은 진주보다 더하니라

주님, 좋은 배우자를 만나는 복은 절대 포기할 수 없습니다.
보석처럼 빛나는 배우자와 함께 사는 복을 주시옵소서.
저로 인해 제 배우자가 빛을 발하게 해주시옵소서.

30 고운 것도 거짓되고 아름다운 것도 헛되나
　　오직 여호와를 경외하는 여자는 칭찬을 받을 것이라

주님, 멋진 외모와 예쁜 얼굴이 얼마나 가겠습니까.
하나님을 경외하고, 하나님을 사랑하고,
하나님과 동행하는 삶이야말로 복된 삶이라 믿습니다.

주님, 같이 있으면 예수님을 생각나게 하는 배우자와
함께 사는 복을 주시고
제가 그런 배우자가 되는 은혜를 주시옵소서.

날마다 저희와 동행하시는
예수님의 이름으로 기도드립니다. 아멘.

33장 전도서

한 번뿐인 인생을 제대로 살게 해주시옵소서

전도서

1장

2 전도자가 이르되

  헛되고 헛되며 헛되고 헛되니 모든 것이 헛되도다

3 해 아래에서 수고하는 모든 수고가 사람에게 무엇이 유익한가

14 내가 해 아래에서 행하는 모든 일을 보았노라

  보라 모두 다 헛되어 바람을 잡으려는 것이로다

하나님, 마음껏 자본 적 없고 맘 편히 쉬어본 적 없이 살았습니다.
이렇게 열심히 사는데도 뭔가 이룬 것이 없는 것 같고
여전히 마음이 공허한 것은 무엇 때문일까요.
그렇게 열정을 바쳤던 일들이 의미 없이 느껴지는 것은
무엇 때문일까요.

17 내가 다시 지혜를 알고자 하며
　　미친 것들과 미련한 것들을 알고자 하여 마음을 썼으나
　　이것도 바람을 잡으려는 것인 줄을 깨달았도다
18 지혜가 많으면 번뇌도 많으니
　　지식을 더하는 자는 근심을 더하느니라

더 많이 배우고 더 많이 알면 더 의미 있게 살 줄 알았는데
배울수록 모르는 것투성이고
아는 것이 많아지니 걱정만 늘어갑니다(전 1:17,18).

한 번뿐인 인생이니 마음껏 즐기라 하지만
음악이 멈추고 조명이 꺼지는 순간
외로움은 더 커지고 허전함은 달랠 길이 없습니다(전 2:1).

가족을 희생시키고 젊음을 바쳐 일했건만
이제 다 쓴 건전지 취급을 받습니다(전 2:11).

열심히 모아봐야 빈손으로 떠날 텐데
많은 재산이 다 무슨 소용일까요(전 2:18).

주님, 삶이 이렇게 허망한 건가요.

아무것도 해놓은 것이 없는 것 같아
살아온 날들이 후회됩니다(전 2:20).

돈만 있으면 다 될 줄 알았는데 아무리 모아도 만족이 안 되고
더 좋은 집, 더 좋은 차, 더 좋은 옷으로 얻는 즐거움은
안개처럼 사라집니다.
주님, 어찌합니까(전 5:10).

사랑하는 아들아, 사랑하는 딸아
인생은 열심보다 방향이 중요하단다.
지금보다 더 열심히 산다고
삶이 의미 있어지는 게 아니란다.
네가 누구와 함께하느냐가 중요한 거야.

네가 내 안에 있을 때
네 삶의 수고가 헛되지 않단다(고전 15:58).

사랑하는 딸아, 사랑하는 아들아
정말 의미 있게 살고 싶다면 내게 더 가까이 나오너라.
나를 모르고 어떻게 삶의 의미를 찾겠니.
내 사랑을 모르고 어떻게 만족을 얻겠어.

내 안에 참된 행복이 있단다.

3장

12 사람들이 사는 동안에 기뻐하며 선을 행하는 것보다
　더 나은 것이 없는 줄을 내가 알았고
13 사람마다 먹고 마시는 것과 수고함으로 낙을 누리는 그것이
　하나님의 선물인 줄도 또한 알았도다

주님, 삶을 행복하게 하는 것은
통장에 몇천억이 있어야 하는 것이 아니고
매일 밤 유명한 사람들과 화려한 파티를 즐기는 것도 아닙니다.
도덕적으로 열심히 사는 것 또한 아닙니다.
그렇게 살면 자유롭고 행복할 줄 알았는데 그렇지 않습니다.

진정한 행복은 하나님 안에 있습니다.
아무런 조건 없이 죄인된 저희를 사랑하신
하나님의 사랑 안에 행복이 있습니다.

하나님,
하나님을 사랑하지 않았던 저를 용서해주시고
하나님의 사랑을 믿지 않았던 저를 용서해주시옵소서.

이제 하나님을 사랑하고,
하나님의 사랑을 신뢰하며 살겠습니다.

하나님께서 사랑하신 저를 사랑하겠습니다.
하나님께서 허락하신 이 순간을 살아가고
지금 함께하는 사람을 친절히 대하고
작지만 선을 행하는 삶을 살겠습니다.

먹을 수 있고 마실 수 있으며 일할 수 있는 오늘이
하나님께서 주신 얼마나 귀한 선물인지 기억하며 살겠습니다.

11장

9 청년이여 네 어린 때를 즐거워하며
　네 청년의 날들을 마음에 기뻐하여
　마음에 원하는 길들과 네 눈이 보는 대로 행하라
　그러나 하나님이 이 모든 일로 말미암아 너를 심판하실 줄 알라

하나님, 오늘은 제 인생의 가장 젊은 날입니다.
이 시간이 결코 영원하지 않습니다.
주변의 시선이나 사람들의 말 때문에
하고 싶은 일을 포기하지 않겠습니다.

내면에서 들려오는 부정적인 생각 때문에
꿈을 포기하지 않겠습니다.

언젠가 저의 삶에 대해 하나님께서 계산하실 것을 기억하며
마음껏 꿈을 펼쳐 보겠습니다.

4장

11 또 두 사람이 함께 누우면 따뜻하거니와
　 한 사람이면 어찌 따뜻하랴
12 한 사람이면 패하겠거니와 두 사람이면 맞설 수 있나니
　 세 겹 줄은 쉽게 끊어지지 아니하느니라

주님,
인생의 위기가 찾아왔을 때 저를 붙들어 주는 것은
함께 기도하는 믿음의 동역자입니다.
주님, 제게 정직한 기도의 동역자 두 명을 허락해주시옵소서.

12장

1 너는 청년의 때에 너의 창조주를 기억하라
　곧 곤고한 날이 이르기 전에,
　나는 아무 낙이 없다고 할 해들이 가깝기 전에

2 해와 빛과 달과 별들이 어둡기 전에,
　비 뒤에 구름이 다시 일어나기 전에 그리하라

주님, 저의 힘으로 뭔가 이뤄보려 애써봤지만,
결국 헛될 뿐입니다.
하나님이 없이는 삶의 의미도 찾을 수 없고
삶의 이유도 찾을 수 없습니다.
하나님이 없는 삶은 헛되고 헛될 뿐입니다.

하나님을 인정하고, 하나님을 믿고,
하나님을 사랑하고, 하나님을 경외할 때만
비로소 삶이 의미 있습니다.

13 일의 결국을 다 들었으니
　하나님을 경외하고 그의 명령들을 지킬지어다
　이것이 모든 사람의 본분이니라
14 하나님은 모든 행위와 모든 은밀한 일을
　선악 간에 심판하시리라

주님, 해 아래 새것이 없으며
해 아래 모든 것이 헛됩니다.

그러기에 저는 해 아래를 보는 것이 아니라
해 너머를 보겠습니다.

이전의 삶은 다 지나가게 하시고
모든 것을 새롭게 하신 주님을 바라보며
주님 안에서 살겠습니다.

제 삶의 의미를 찾아주신 주님을 예배하고,
말씀을 따라 살아가겠습니다.
주님, 사랑합니다.

공허한 인생길에 삶의 의미를 찾아주신
예수님의 이름으로 기도드립니다. 아멘.

34장 이사야서 1-41장

주님의 음성을 듣고
힘을 얻게 해주시옵소서

1장

18 여호와께서 말씀하시되 오라 우리가 서로 변론하자
　너희의 죄가 주홍 같을지라도 눈과 같이 희어질 것이요
　진홍같이 붉을지라도 양털같이 희게 되리라

하나님,
하나님을 인정하지 않았던 제가
어떻게 하나님 앞에 설 수 있겠습니까.
하나님을 부인했던 제가
무슨 면목으로 하나님을 바라보겠습니까.
주님, 제겐 아무 공로 없습니다.
오직 십자가의 보혈을 의지합니다.

예수 그리스도의 보배로운 피가 저의 죄를 씻었습니다.

예수의 피가 저를 희게 하였고

예수의 피가 저를 용서했으며

예수의 피가 저를 자녀 삼았습니다.

주님, 이보다 더 큰 은혜가 어디 있으며

이보다 더 큰 사랑이 어디 있습니까.

주님, 감사합니다.

26장

3 주께서 심지가 견고한 자를 평강하고 평강하도록 지키시리니 이는 그가 주를 신뢰함이니이다

평범해 보이는 막대기로 홍해를 가르시고

작은 돌멩이 하나로 블레셋을 무너뜨리신 주님.

저는 오늘도 주님을 의지하고 주님을 신뢰합니다.

제 삶이 잔잔한 강물처럼 흘러가든

큰 풍랑 앞에 흔들리든

주님 안에서 저는 평안하고 평안합니다.

30장

18 그러나 여호와께서 기다리시나니

　이는 너희에게 은혜를 베풀려 하심이요

　일어나시리니 이는 너희를 긍휼히 여기려 하심이라

　대저 여호와는 정의의 하나님이심이라

　그를 기다리는 자마다 복이 있도다

제게 은혜와 긍휼을 베풀기 위해
오늘도 기다리고 오늘도 일하시는 주님.
주님께서 저의 모든 억울함을 풀어주시고
뒤틀린 모든 것을 바로 잡아주실 것을 믿습니다.
주님께서 가장 좋은 것을 예비하고 타이밍을 잡고 계시기에
저는 주님을 기다리겠습니다.
끝까지 기다리겠습니다.

33장

6 네 시대에 평안함이 있으며

　구원과 지혜와 지식이 풍성할 것이니

　여호와를 경외함이 네 보배니라

사랑하는 아들아, 사랑하는 딸아

나를 경외하는 것이 복이고

나를 예배하는 것이 기쁨이고

나를 아는 것이 은혜라고 고백하는 네게

평안이 있을 거야.

네가 노래했던 것처럼

이 땅 가득 부흥의 불길이 타오르며

진리의 말씀으로 새롭게 될 거야.

은혜의 강물이 구석구석 흐르고

성령의 바람이 불어올 거야.

35장

3 너희는 약한 손을 강하게 하며 떨리는 무릎을 굳게 하며
4 겁내는 자들에게 이르기를 굳세어라, 두려워하지 말라, 보라 너희 하나님이 오사 보복하시며 갚아주실 것이라 하나님이 오사 너희를 구하시리라 하라

사랑하는 딸아, 사랑하는 아들아

두 주먹을 불끈 쥐고 떨리는 무릎을 부여잡아라.

걱정하지 말고, 두려워 마라.

내가 있잖아. 내가 왔잖아.

의사는 포기했어도 나는 포기하지 않았단다.

사람들은 돌아섰어도 나는 여전히 네 편이란다.

길이 없다고 생각될 때 내가 길을 낼 거야.

슬픔과 탄식은 다 사라지고 영원한 기쁨이 넘칠 거야.

내 아들아, 내 딸아

이제 내가 왔단다.

너를 구하려 내가 왔단다.

40장

26 너희는 눈을 높이 들어 누가 이 모든 것을 창조하였나 보라

　　주께서는 수효대로 만상을 이끌어내시고

　　그들의 모든 이름을 부르시나니

　　그의 권세가 크고 그의 능력이 강하므로

　　하나도 빠짐이 없느니라

사랑하는 아들아, 사랑하는 딸아

저 높은 하늘을 누가 만들었느냐.

저 넓은 바다를 누가 지었느냐.

이 아름다운 계절을 누가 상상이나 했느냐.

크고 작은 만물들의 찬양 소리가 들리니?

이 온 우주의 작곡자요 지휘자가 누구더냐.

그래, 나다.

나의 위엄 앞에 이 큰 우주도 숨을 죽이고,

떨어지는 별들도 나의 허락을 구하고 있단다.

내 아들아, 내 딸아

내가 너의 하나님이야.

28 너는 알지 못하였느냐 듣지 못하였느냐

　영원하신 하나님 여호와, 땅끝까지 창조하신 이는

　피곤하지 않으시며 곤비하지 않으시며 명철이 한이 없으시며

29 피곤한 자에게는 능력을 주시며

　무능한 자에게는 힘을 더하시나니

30 소년이라도 피곤하며 곤비하며

　장정이라도 넘어지며 쓰러지되

31 오직 여호와를 앙망하는 자는 새 힘을 얻으리니

　독수리가 날개 치며 올라감 같을 것이요

　달음박질하여도 곤비하지 아니하겠고

　걸어가도 피곤하지 아니하리로다

사랑하는 아들아, 사랑하는 딸아
내가 누구냐.
땅끝까지 창조한 이가 나 아니더냐.
내가 지친 것을 보았느냐?
내가 피곤한 적이 있더냐?

나를 바라보면 없던 힘이 솟아나고
나를 의지하면 하늘을 날게 되고
나를 신뢰하면 달려도 지치지 않고
뛰어도 피곤하지 않게 된단다.

딸아, 아들아
나는 너를 절대로 잊지 않았단다.
여전히 너를 사랑하고 영원히 너를 사랑한단다.

41장

10 두려워하지 말라 내가 너와 함께함이라
　놀라지 말라 나는 네 하나님이 됨이라
　내가 너를 굳세게 하리라 참으로 너를 도와주리라
　참으로 나의 의로운 오른손으로 너를 붙들리라

사랑하는 아들아, 사랑하는 딸아
겁내지 마라. 내가 너와 함께 있잖니.
놀라지 마라. 나는 너의 하나님이야.
어떤 일이 있어도 내가 너와 함께하고
내가 너를 도와주고 내가 너의 힘이 될 거야.
너를 잡은 이 손을 절대 놓지 않을 거야.

아들아, 딸아
괜찮아, 괜찮아.
내가 너의 하나님이야.

하나님, 하나님께서
저의 하나님이셔서 정말 다행입니다.

저의 힘이 되신
예수님의 이름으로 기도드립니다. 아멘.

35장 이사야서 42-58장

제 삶을
천국으로 바꿔주시옵소서

42장

3 상한 갈대를 꺾지 아니하며

꺼져가는 등불을 끄지 아니하고

진실로 정의를 시행할 것이며

4 그는 쇠하지 아니하며 낙담하지 아니하고

세상에 정의를 세우기에 이르리니

섬들이 그 교훈을 앙망하리라

예수님은 힘이 없다고 무시하거나

가난하다고 함부로 하지 않으셨습니다.

오히려 병든 자를 찾아가셨고 가난한 자의 친구가 되셨습니다.

예수님이 가시는 곳마다 하나님의 나라가 임했습니다.

그 나라를 세우기 위해 지치지 않고 멈추지 않으신 주님.
저희가 주님의 나라를 사모합니다.
주님의 나라를 갈망합니다.
이 시간 기도하는 성도의 삶을 천국으로 바꿔주시옵소서.

43장

1 야곱아 너를 창조하신 여호와께서 지금 말씀하시느니라
　이스라엘아 너를 지으신 이가 말씀하시느니라
　너는 두려워하지 말라 내가 너를 구속하였고
　내가 너를 지명하여 불렀나니 너는 내 것이라

사랑하는 아들아, 사랑하는 딸아
무서웠지? 이제 내가 구해줄게.
힘들었지? 내가 너와 함께할게.
내 뒤에 숨어. 내가 너를 지켜줄게.

2 네가 물 가운데로 지날 때에 내가 너와 함께할 것이라
　강을 건널 때에 물이 너를 침몰하지 못할 것이며
　네가 불 가운데로 지날 때에 타지도 아니할 것이요
　불꽃이 너를 사르지도 못하리니

사랑하는 내 딸아, 사랑하는 내 아들아
질병이 너를 고통스럽게 하고 의사의 말에 낙심될 때
너는 내 말을 기억해.
너는 이 병으로 죽지 않아.
재정적인 압박감에 숨이 막히고 잠이 오지 않을 때 기억해.
너는 망하지 않아.

4 네가 내 눈에 보배롭고 존귀하며
　내가 너를 사랑하였은즉 내가 네 대신 사람들을 내어주며
　백성들이 네 생명을 대신하리니

사랑하는 아들아, 사랑하는 딸아
네가 얼마나 보배롭고 존귀한지 알고 있니?
너의 모습과 상관없이 너는 소중하고
저들의 생각과 상관없이 너는 존귀하단다.
내가 너를 위해 피할 길을 준비해두었고,
너를 위해 도울 자를 예비해 놓았단다.

19 보라 내가 새 일을 행하리니 이제 나타낼 것이라
　너희가 그것을 알지 못하겠느냐
　반드시 내가 광야에 길을 사막에 강을 내리니

아들아, 딸아

이제 때가 되었어.

너는 새 일을 보게 될 거야. 기적이 일어날 거야.

네 생각에 도무지 방법이 없어 보이고

아무런 변화가 없어 보여도 이제 기적이 일어날 거야.

반드시 기적을 보게 될 거야.

46장

4 너희가 노년에 이르기까지 내가 그리하겠고
　백발이 되기까지 내가 너희를 품을 것이라
　내가 지었은즉 내가 업을 것이요 내가 품고 구하여 내리라

사랑하는 딸아, 사랑하는 아들아

너는 내가 낳은 내 아들이고 내가 업어 키운 내 딸이야.

네가 기억하지 못할 때부터 너를 업고 다녔고

네가 기억하지 못할 때까지 내가 안고 다닐 거야.

아들아, 딸아, 사랑해.

49장

15 여인이 어찌 그 젖 먹는 자식을 잊겠으며
　자기 태에서 난 아들을 긍휼히 여기지 않겠느냐

그들은 혹시 잊을지라도 나는 너를 잊지 아니할 것이라

사랑하는 딸아, 나는 너를 떠나지 않아.
사랑하는 아들아, 나는 너를 버리지 않아.
어떻게 얻은 너인데 너를 떠나며
얼마나 사랑하는 너인데 너를 버리겠니.

아들아, 딸아
혼자라고 느껴질 땐 십자가를 바라봐.
불안할 때마다 십자가를 기억해.
내가 너를 이렇게 사랑한단다, 이렇게.

51장

11 여호와께 구속받은 자들이 돌아와 노래하며
   시온으로 돌아오니 영원한 기쁨이 그들의 머리 위에 있고
   슬픔과 탄식이 달아나리이다

사랑하는 주님,
슬픈 눈물을 멈추고 탄식 소리를 잊게 된 것은
하나님의 은혜입니다.
잃어버린 웃음을 되찾고 즐거운 노래를 부르며

마음이 춤을 추게 된 것은 하나님의 놀라운 은혜입니다.
그 은혜가 제 삶을 천국으로 바꿨습니다.

55장

8 이는 내 생각이 너희의 생각과 다르며
　내 길은 너희의 길과 다름이니라 여호와의 말씀이니라
9 이는 하늘이 땅보다 높음같이
　내 길은 너희의 길보다 높으며
　내 생각은 너희의 생각보다 높음이니라

하나님,
언제나 하나님의 생각이 제 생각보다 탁월했고
하나님의 계획이 저의 계획보다 완벽했습니다.
주님은 제가 생각지도 못한 일을 이루셨고
상상할 수 없는 일을 행하셨습니다.

주님의 계획과 주님의 생각과
주님이 예비하신 것이 얼마나 놀라운 것인지 알기에
저는 주님의 계획을 따르고 주님의 길을 걷겠습니다.
차원이 다르게 살게 하실 주님을 따라가겠습니다.

58장

11 여호와가 너를 항상 인도하여 메마른 곳에서도
　네 영혼을 만족하게 하며 네 뼈를 견고하게 하리니
　너는 물 댄 동산 같겠고 물이 끊어지지 아니하는 샘 같을 것이라

주님, 세상살이가 팍팍하고 어려워도
주님께서 인도하시고 붙들어 주시기에
제 우물에는 언제나 물이 가득합니다.

재정의 우물이 가득하고 건강의 우물이 솟아납니다.
만남의 우물도 끊어지지 않고 자녀의 우물도 흘러넘칩니다.
믿음의 우물도 기쁨의 우물도 평안의 우물도 넘쳐납니다.

주님, 기도하는 이마다 이 복을 받게 하시고
기도하는 가정마다 이 은혜가 임하게 해주시옵소서.

우리의 삶을 천국으로 바꾸시는
예수님의 이름으로 기도드립니다. 아멘.

따라 하는 기도 3 구약편

초판 1쇄 발행	2022년 8월 25일
초판 7쇄 발행	2024년 11월 4일
지은이	장재기
펴낸이	여진구
책임편집	최현수
편집	이영주 박소영 구주은 안수경 김도연 김아진 정아혜
책임디자인	조은혜	마영애 노지현
홍보 · 외서	진효지
마케팅	김상순 강성민
제작	조영석 허병용
마케팅지원	최영배 정나영
경영지원	김혜경 김경희

303비전성경암송학교 유니게 과정
이슬비전도학교 / 303비전성경암송학교 / 303비전꿈나무장학회

펴낸곳   규장

주소 06770 서울시 서초구 매헌로 16길 20(양재2동) 규장선교센터
전화 02)578-0003   팩스 02)578-7332
이메일 kyujang0691@gmail.com   홈페이지 www.kyujang.com
페이스북 facebook.com/kyujangbook   인스타그램 instagram.com/kyujang_com
카카오스토리 story.kakao.com/kyujangbook
등록일 1978.8.14. 제1-22

ⓒ 저자와의 협약 아래 인지는 생략되었습니다.
이 출판물은 저작권법에 의해 보호를 받는 저작물이므로 무단 전재와 무단 복제를 할 수 없습니다.

책값   뒤표지에 있습니다.
ISBN 979-11-6504-354-4 03230

규 | 장 | 수 | 칙

1. 기도로 기획하고 기도로 제작한다.
2. 오직 그리스도의 성품을 사모하는 독자가 원하고 필요로 하는 책만을 출판한다.
3. 한 활자 한 문장에 온 정성을 쏟는다.
4. 성실과 정확을 생명으로 삼고 일한다.
5. 긍정적이며 적극적인 신앙과 신행일치에의 안내자의 사명을 다한다.
6. 충고와 조언을 항상 감사로 경청한다.
7. 지상목표는 문서선교에 있다.

하나님을 사랑하는 자 곧 그의 뜻대로 부르심을 입은 자들에게는 모든 것이 합력하여 善을 이루느니라(롬 8:28)

규장은 문서를 통해 복음전파와 신앙교육에 주력하는 국제적 출판사들의 협의체인 복음주의출판협회(E.C.P.A:Evangelical Christian Publishers Association)의 출판정신에 동참하는 회원(Associate Member)입니다.